JN066326

CHIBA

千葉県

丸善出版 編

丸善出版

刊行によせて

「47都道府県百科」シリーズは、2009年から刊行が開始された小百科シリーズである。さまざまな事象、名産、物産、地理の観点から、47都道府県それぞれの地域性をあぶりだし、比較しながら解説することを趣旨とし、2024年現在、既に40冊近くを数える。

本シリーズは主に中学・高校の学校図書館や、各自治体の公共図書館、大学図書館を中心に、郷土資料として愛蔵いただいているようである。本シリーズがそもそもそのように、各地域間を比較できるレファレンスとして計画された、という点からは望ましいと思われるが、長年にわたり、それぞれの都道府県ごとにまとめたものもあれば、自分の住んでいる都道府県について、自宅の本棚におきやすいのに、という要望が編集部に多く寄せられたそうである。

そこで、シリーズ開始から15年を数える2024年、その要望に応え、これまでに刊行した書籍の中から30タイトルを選び、47都道府県ごとに再構成し、手に取りやすい体裁で上梓しよう、というのが本シリーズの趣旨だそうである。

各都道府県ごとにまとめられた本シリーズの目次は、まずそれぞれの都道府県の概要（知っておきたい基礎知識）を解説したうえで、次のように構成される（カギカッコ内は元となった既刊のタイトル）。

Ⅰ　歴史の文化編

「遺跡」「国宝 / 重要文化財」「城郭」「戦国大名」「名門 / 名家」「博物館」「名字」

Ⅱ　食の文化編

「米 / 雑穀」「こなもの」「くだもの」「魚食」「肉食」「地鶏」「汁

物」「伝統調味料」「発酵」「和菓子 / 郷土菓子」「乾物 / 干物」

Ⅲ　営みの文化編

「伝統行事」「寺社信仰」「伝統工芸」「民話」「妖怪伝承」「高校野球」「やきもの」

Ⅳ　風景の文化編

「地名由来」「商店街」「花風景」「公園 / 庭園」「温泉」

土地の過去から始まって、その土地と人によって生み出される食文化に進み、その食を生み出す人の営みに焦点を当て、さらに人の営みの舞台となる風景へと向かっていく、という体系を目論んだ構成になっているようである。

この目次構成は、一つの都道府県の特色理解と、郷土への関心につながる展開になっていることがうかがえる。また、手に取りやすくなった本書は、それぞれの都道府県に旅するにあたって、ガイドブックと共に手元にあって、気になった風景や寺社、歴史に食べ物といったその背景を探るのにも役立つことだろう。

＊　　＊　　＊

さて、そもそも47都道府県、とは何なのだろうか。47都道府県の地域性の比較を行うという本シリーズを再構成し、47都道府県ごとに紹介する以上、この「刊行によせて」でそのことを少し触れておく必要があるだろう。

日本の古くからの地域区分といえば、「五畿七道と六十余州」と呼ばれる、京都を中心に道沿いに区分された8つの地域と、66の「国」ならびに2島に分かつ区分が長年にわたり用いられてきた。律令制の時代に始まる地域区分は、平安時代の国司制度はもちろんのこと、武家政権時代の国ごとの守護制度などにおいて（一部の広すぎる国、例えば陸奥などの例外はあるとはいえ）長らく政治的な区分でもあった。江戸時代以降、政治的区分としては「三百諸侯」とも称される大名家の領地区分が実効的なものとなるが、それでもなお、令制国一国を領すると見なされた大名を「国持」と称するなど、この区分は日本列島の人々の念頭に残り続けた。

それが大きく変化するのは、明治維新からである。まず地方区分は旧来のものにさらに「北海道」が加わり、平安時代以来の陸奥・出羽の広大な範囲が複数の「国」に分割される。政治上では、まずは京・大阪・東京の大都市である「府」、中央政府の管理下にある「県」、各大名家に統治権を返上させたものの当面存続する「藩」に分割された区分は、大名家所領を反映して飛び地が多く、中央集権のもとで中央政府の政策を地方に反映させることを目指した当時としては、極めて使いづらいものになっていた。そこで、まずはこれら藩が少し整理のうえ「県」に移行する。これがいわゆる「廃藩置県」である。これらの統合が順次進められ、時にあまりに統合しすぎて逆に非効率だと慌てつつ、1889年、ようやく1道3府43県という、現在の47の区分が確定。さらに第2次世界大戦中の1943年に東京府が「東京都」になり、これでようやく1都1道2府43県、すなわち「47都道府県」と言える状態になったのである。これが現在からおよそ80年前のことである。また、この間に地方もまとめ直され、京都を中心とみるのではなく複数のブロックで扱うことが多くなった。本シリーズで使っている区分で言えば、北海道・東北・関東・北陸・甲信・東海・近畿・中国・四国・九州及び沖縄の10地方区分だが、これは今も分け方が複数存在している。

だいたいどのような地域区分にも言えることではあるのだが、地域区分は人が引いたものである以上、どこかで恣意的なものにはなる。一応1500年以上はある日本史において、この47都道府県という区分が定着したのはわずか80年前のことに過ぎない。かといって完全に人工的なものかと言われれば、現代の47都道府県の区分の多くが旧六十余州の境目とも微妙に合致して今も旧国名が使われることがあるという点でも、境目に自然地理的な山や川が良く用いられているという点でも、何より我々が出身地としてうっかり「○○県出身」と言ってしまう点を考えても(一部例外はあるともいうが)、それもまた否である。ひとたび生み出された地域区分は、使い続けていればそれなりの実態を持つようになるし、ましてや私たちの生活からそう簡単に逃れることはできないのである。

＊　＊　＊

各都道府県ごとにまとめ直す、ということは、本シリーズにおいては「あえて」という枕詞がつくだろう。47都道府県を横断的に見てきたこれまでの既刊シリーズをいったん分解し、各都道府県ごとにまとめることで、私たちが「郷土性」と認識しているものがどのようにして構築されたのか、どのように認識しているのかを、複数のジャンルを横断することで見えてくるものがきっとあるであろう。もちろん、47都道府県すべての巻を購入して、とある県のあるジャンルと、別の県のあるジャンルを比較し、その類似性や違いを考えていくことも悪くない。あるいは、各巻ごとに精読し、県の中での違いを考えてみることも考えられるだろう。

ともかくも、地域性を考察するということは、地域を再発見することでもある。我々が普段当たり前だと思っている地域性や郷土というものからいったん身を引きはがし、一歩引いて観察し、また戻ってくることでもある。有名な小説風に言えば、「行きて帰りし」である。

本シリーズがそのような地域性を再発見する旅の一助となることを願いたい。

2024年5月吉日

執筆者を代表して
森岡　浩

目　次

【注】本書は既刊シリーズを再構成して都道府県ごとにまとめたものであるため、記述内容はそれぞれの巻が刊行された年時点での情報となります

千葉県

知っておきたい基礎知識

- 面積：5158 km²
- 人口：627万人（2024年速報値）
- 県庁所在地：千葉市
- 主要都市：船橋、柏、市川、銚子、木更津、館山、成田、市原、佐倉
- 県の植物：マキ（木）、ナノハナ（花）
- 県の動物：ホオジロ（鳥）
- 該当する旧制国：東海道下総国（北部地域）、上総国（木更津など房総半島中部地域）、安房国（館山市、南房総市など南端部）
- 該当する大名：大多喜藩（本多氏など）、館山藩、佐倉藩（堀田氏など）など
- 農産品の名産：ピーナッツ、ナノハナ、マッシュルーム、ナシ、サツマイモなど
- 水産品の名産：キンメダイ、カツオ、イセエビ、アナゴ、タイなど
- 製造品出荷額：12兆5,183億円（2020年工業統計）

●県　章

千葉県の「チ」の字と「ハ」の字を組み合わせて図案化したもの。

●ランキング1位

・**ゴルフ場の利用者数**　2021年の経済センサス活動調査によると年間546万人である。千葉県で最も古いゴルフ場である我孫子(あびこ)ゴルフ倶楽部は1930年と、日本最古のものから27年程度たってからの開業ではあるが、開設にあたっては柔道の提唱者として有名な嘉納治五郎(かのうじごろう)も後援している。我孫子の町は当時、現在とは比べ物にならないくらい水質が良かった手賀沼と利根川にはさまれた風光明媚な土地として、嘉納治五郎など多くの有名人が別荘を持っていたのである。

●地　勢

南関東1都3県の一つであり、利根川の南と江戸川の東、房総半島の一帯を占める。東京湾の北部地域は工業地帯の造成による埋め立て地が多いために自然海岸はほぼ残っていないが、それ以外の地域は自然海岸が残り、東京湾の中程に突き出す富津岬(ふっつみさき)は砂嘴(さし)として知られている。房総半島の中部は山がそのまま海中に没する一方、太平洋岸北側には長大な砂浜海岸の九十九里浜や、切り立った断崖の屏風ヶ浦が伸びている。また、全体的に隆起の激しく海岸段丘(かいがんだんきゅう)が発達しやすい土地柄で、南部の野島崎などでは明瞭に観察できる。

川としては中部を流れる養老川(ようろうがわ)が、中流に渓谷を擁している。また水域としては、一時日本で最も水質汚染が激しいとされた印旛沼(いんばぬま)や手賀沼が存在している。台地に対して、利根川まで近づくと氾濫原が広がっている。

山岳地帯については南部の鋸山(のこぎりやま)や富山(とみさん)が古くから信仰の対象にもなった山として知られているが、千葉県全体でも最高峰は愛宕山(あたごやま)の408mで、高山はない。北部は下総台地と呼ばれる丘陵が広がる。この部分に成田空港もある。

●主要都市

・**千葉市**　千葉県の県庁所在地である。江戸時代以前には県内の他の町に比べても小規模だったが、それでも佐倉藩の外港や、千葉神社の門前町として町場が存在した。県庁所在地となったこと、また陸軍の軍事施設がおかれたことで急速に発展した。

・**船橋市**　伊勢神宮の分霊として平安時代以来周辺の人々の信仰を受けた

船橋大神宮の門前町として栄えた都市。江戸時代には佐倉や成田に抜ける街道の要衝となり、現在も多くの鉄道路線が集中するアクセスのよい都市である。ナシの名産地でもある。

・**柏　市**　手賀沼の畔、水戸街道の宿場に始まる町。近代以降、常磐線の通過による人口増加によって千葉県内でも有数の人口を持つ都市へと成長した。最近では柏の葉に、新たに大学のキャンパスも設けられている。

・**木更津市**　東京湾の中程、古くは東京湾海運の廻船が集中する湊町であった。だが、近代においては旧来の内航海運の衰退もあって軍都としての性格を強め、さらに東京湾アクアライン開通などの中、上総地方に対する中心性は徐々に失われて郊外の都市へと変貌しつつある。

・**館山市**　房総半島の南端、里見氏の城下町に始まる安房地方の中心地。黒潮が通過する南海岸には、最北端のサンゴ礁があることで知られている。

・**市川市**　古くは下総国府（国府台という地名がある）がおかれた由緒ある町。江戸時代には街道と河川交通の交点として、明治時代には軍都として発展した。

・**成田市**　成田山新勝寺の門前町として、1700年代の歌舞伎などでの宣伝、また明治時代の鉄道開通によるアクセスの向上といった江戸・東京との関係によって栄えた都市。現代に入って、成田空港の開港による外国人観光客の増加という新たな一面を見せている。

・**佐倉市**　古くは千葉氏の城が戦国時代に設けられ、また江戸時代にも千葉県内で最大規模の城が設けられた城下町。国立歴史民俗博物館が旧城跡にあるが、この町は幕末に藩校順天堂を中心に蘭学研究の一中心になったことによっても知られている。

・**市原市**　上総国府も近隣におかれた、この一帯でも特に古くから開けた一帯。中心部の五井地区には江戸時代に陣屋があった。現代では石油化学工業などを中心とした重工業の都市である。

●主要な国宝

・**海獣葡萄鏡**　北部の古社である香取神宮の神宝として知られる、海獣と葡萄唐草文様が施された青銅の鏡。中国唐代（7世紀～10世紀初頭）に広まったものの中でも、特に初期の物を模して造られたと推定されている。日本への伝来は奈良時代（8世紀）と伝承されており、同時に伝来したもう一枚は奈良正倉院に保管されている。同様の鏡は愛媛県の大山祇神社の神宝としても保存されている。
・**伊能忠敬関係資料**　香取市の佐原に保管されている、江戸時代中期の名地図製作者たる伊能忠敬が残した測量器具や観測器具、記録の一式（2345点）。河岸（かし）の町佐原の商人であった彼は、50才で隠居後に江戸へと出て天文・測量術を学び、後半生20年をかけて「大日本沿海輿地全図（だいにほんえんかいよちぜんず）」を作成することになる。
・**法華経寺の日蓮手稿**　市川市の古寺法華経寺が所蔵している、日蓮宗の宗祖日蓮自身の筆による「観心本尊抄」と「立正安国論」。日蓮は鎌倉時代、安房地方外洋側に生まれた僧侶で、関東地方を中心に広く活動した。この寺も、日蓮を保護した地元武士の館が元になっている。

●県の木秘話

・**マ　キ**　常緑針葉樹だが、少し幅広い葉を持つ。千葉県では特に南部の館山市を中心に、生垣などにも用いられている。
・**ナノハナ**　アブラナ科の黄色い小さな花を咲かせる植物。千葉県は花の観賞用・食用の双方において国内屈指の大産地であり、各地に花畑の名所もある。

●主な有名観光地

・**香取神宮**　北部の香取市にある、すでに奈良時代には広く信仰を集めていた古社。古い内海「流海（ながれうみ）」を挟んだ鹿島神宮と共に、近畿地方の朝廷による東国支配が進むにしたがって重視されたとみられ、また武神として周辺地域の武家の保護も受けた。現在の建物は主に江戸時代の再建になる。
・**佐原（さわら）の町並み**　香取神宮の西、利根川の支流である小野川に沿って江戸時代の商家建築が立ち並ぶ、伝統的建築物保存地区にも指定された街並み。「お江戸見たけりゃ佐原へござれ／佐原本町江戸まさり」と呼ばれたほどの黒壁や水路が残る。
・**東京ディズニーリゾート**　1983年の東京ディズニーランド開園に始まる、国内最大級のテーマパークである。もともとこのあたりには塩田があり、また江戸川河口付近の遠浅（とおあさ）の地形だったため、用地が広く確保できた。東に向かうと首都圏の副都心の一つである幕張新都心が広がる。
・**養老渓谷**　房総半島の中部、養老川沿いに伸びる渓谷。その美しさでも知られるが、近隣には新生代の特定の時代「チバニアン」の示準として指定された地層がある。

・**鋸　山**　安房地方と上総地方の境界付近にそびえる、のこぎり状の山容をした山。近隣の富山と並んで山岳信仰の対象となってきた。

●文　化

・**『南総里見八犬伝』**　曲亭馬琴（きょくていばきん）（滝沢馬琴）が江戸時代後期に30年程をかけて記した人気伝奇小説の舞台は、戦国時代安房の領主である里見家の勃興の時代である。現代ではその背景となった初代里見家当主を語る記録の信ぴょう性には疑問が付されているものの、15世紀後半、関東全土を巻き込んだ戦乱の時代を背景とした物語は今も様々に翻案されて愛され、また安房地域のイメージ形成の一翼を担っている。

・**行徳神輿**　江戸川河口の水運と成田山方面の街道が交差した行徳（ぎょうとく）の町は、塩田による富もあいまって「行徳千軒、寺百軒」と呼ばれるほど多数の寺々が集積し、また法華経寺や成田山参りの人々が交錯した。これを背景として職人が多く集まり、明治時代以降、神輿の制作の担い手となった。そもそも行徳という地名も、戦国時代にこのあたりに徳の高い行いをする修験者がいた、という伝承に由来している。

●食べ物

・**野田の醤油**　江戸時代中期以降、河川による材料の運搬が容易な北部地域では、特に調味料の醸造業が非常に盛んになり、現代につながる関東地方の濃い目の味付けに影響を与えた。主な産地として、キッコーマンの創業地である野田をはじめ、流山の本みりん、ヤマサ醤油の本拠地であった銚子などがあげられる。

・**勝浦タンタンメン**　醤油スープにたっぷり乗せたラー油と、炒めたタマネギなどの具を乗せたラーメン。外房地域の漁業の町である勝浦で、戦後に売り出されたものが漁師・海女を中心に広がったものとされている。

・**イセエビ**　その名前にもかかわらず、水揚げが最も多いのは千葉県であり、特に外房・安房の一帯でよく取れる。水産物においては他にもアワビやタイなどが多い。特にタイは南部の鴨川の「鯛の浦」の伝承があるほどであり、県の魚ともされている。

●歴　史

•古　代

房総半島というもともと陸路でのアクセスがやや限られる立地の千葉県だが、古代はさらに海とのつながりが深かった。北側には牛久の近くまで入り込んだ広大な内海「流海」が広がり（その一部が後の霞ヶ浦）、下総の西側には太日川（今の江戸川）や利根川が形成した広大な氾濫原が広がっていたため、陸路が制限されていたためである。実際、律令制として東海道が整備された当初は、相模（神奈川県）の三浦から安房まで海路をとるルートが正規の道筋であった。京都に近い方から名称に「上」「下」を振る慣例がある旧国名において、一見すると陸路上では上総と下総の位置が逆になっているように見えるのはこのためである。

内海に面した千葉県の一帯は住みやすかったらしく、加曾利貝塚（千葉市）を中心に数多くの縄文時代の貝塚が発見されている。その数は全国でもトップクラスで、また古墳時代の古墳・横穴墓も6～7世紀に至るまでのものが数多くみられる。これは、房総半島が当時の近畿地方の朝廷にとって、北に隣接する常陸（茨城県）ともども、東北地方や関東への進出に重要な地点であったことの反映とみられている。北部の香取神宮の創建についても、由来をこれに関連付ける説もある。黒潮のために近畿地方から房総半島までの移動が比較的早くできるためとする人もおり、「安房国」という国名が四国地方の「阿波国」（徳島県）とのつながりがある、という伝承は古くから伝えられている。最終的に旧国としての三か国が確定するのは、安房国が確定する757年のことである。

平安時代に入っても房総半島の重要性は残った。流海に接する一方で中央部に台地が広がる下総には牧が多数設けられており、馬の一大供給地であったのである。後の東京湾の入り口をおさえる安房の海運上の重要性は言うに及ばず、上総もその国司は名目上親王が配される格式の高い国とされた（後の話だが、官職上で織田信長が「上総介」〔上総国府の次官〕を名乗るのは、この慣例により「上総守」を名乗れないためである）。また940年前後に関東一帯を巻き込む「天慶の乱」においても、成田山新勝寺がこの時に平将門公を調伏するため建立されたと伝わるなど、関東中央部に出られるこの地はたびたび大きな戦いの舞台となった。平安時代の趨勢にもれず、この県域にも武士団が多数成立することになる。

●中　世

千葉県の県域には平安時代の末期になると、上総氏や千葉氏、安西氏といった自らを桓武天皇の末裔もしくはそのように後に称することになる武士団が割拠していた。源頼朝が1180年の石橋山の戦いで敗れた後にわずかな手勢で相模から安房へと渡り再起を図ることになるのも、ここまでの説明の通り、すでに房総の海運ルートがある程度確立していたことが多い。このうち、鎌倉幕府の成立後には千葉氏が重臣として勢力を増し、後に八介（「介」の称号を慣例的に許された名門武家）の一角となる。また、下総北部地域の河川交通もすでに無視できない状況になっており、この時代には流海（香取海とも）から関宿や太日川を経由して東京湾に出て六浦に向かう水運の記録が残っている。

名族が多かったこの地方は、しかしその影響で逆に室町時代には一族間の争いに南北朝の内乱、次いで享徳の乱などの内戦が絡んでしばしば混乱状態に陥った。千葉氏は二つに分裂し、さらに室町時代末期には下総北部の古河（茨城県）に本拠を移していた鎌倉公方（室町幕府において東国を管轄する「鎌倉府」の長官）からも小弓公方という対立する分家が発生。上総の武田氏がその後ろ盾になったことで争いは拡大する。さらに南の安房では16世紀初頭から里見氏が徐々に勢力を拡大し、ほぼ同時期に対岸の相模で勢力を拡大した後北条氏と海陸双方で度々争う（特に有名なのが第二次国府台合戦）など、房総半島での戦乱はたびたび広まった。ようやく1570年代に里見氏と後北条氏の間で和議が結ばれたことで大きくは収まるが、その少し後、1589年の豊臣秀吉による小田原攻めの余波によって、里見氏は安房一国のみに勢力を削減。残る地域は徳川家康の支配下にはいった。

●近　世

里見氏も江戸時代初期に改易され、これ以降の房総半島は江戸の近郊地域として譜代大名や旗本が配置された。また、利根川の付け替えにより、すでに萌芽がみられた関東平野の河川による太平洋〜東京湾間の水運が本格化。そのルート上に当たった銚子や佐原、関宿、野田、市川、行徳といった下総北部の川沿いの町々が物流の拠点として発展していくことになる。特にそのルートを東京湾方面に下った所にある上総の港町木更津は、江戸時代を通じて廻船の拠点として繁栄した。沿岸部ではほかに、地引網の拠点となった九十九里浜が知られる。

内陸では成田山が、江戸時代中期以降に民間の信仰を強く集め、そこに向かう街道筋や、城下町佐倉がにぎわった一方、台地の大半は平安時代以来、主に牧場経営に使われるという土地利用は変わらなかった。南部の館山と大多喜にも城下町があり、また外洋に面した勝浦の市場もにぎわっていた。

一方、江戸時代も後期となり外国船対応が問題になり始めると、19世紀の前半になって、江戸への外洋からの入口である安房一帯に台場（砲台）が多数建造されている。特筆すべき点としてはもう一つ、後に老中となる佐倉藩主の堀田正睦（ほったまさよし）が順天堂の開設など蘭学研究を推進したことで、その人材は明治以降に活躍していく。

●近　代

千葉県の県域は幕末の混乱に伴う争いにはおおむね巻き込まれずに済んだものの、多数の旗本領と小藩が入り乱れたために、1871年の廃藩置県による県の設置は26県に及んだ。さすがに多すぎたこの数は同年中に新治県（にいはりけん）・木更津県・印旛県に整理される。後者2つの統合により、両県の県境付近にあった千葉に県庁がおかれて「千葉県」が成立するのは1873年、最終的にこの三県の統合と県域の整理を経て現在の千葉県の県域が確定するのは1889年のことである。

これ以降、千葉県は主には東京の近郊圏としての歴史を歩むが、近代工業の発展という点においては大きく遅れをとった。むしろ習志野の鉄道連隊や、陸軍歩兵学校がおかれた千葉市など、戦前の北部地域は主に軍事施設がおかれて発展した町も数多い。また、長年用いられてきた河川水運の急速な衰退の影響は大きく、結果として佐原などには当時の古い街並みを残すことになった。

戦後において、ついに下総台地に長らくおかれた牧場のうち最大のものが成田空港の用地となり（その土地確保を巡り多数の農民との騒乱が発生している）、また東京湾アクアラインにより対岸と陸路でより短くつながるようになるなど、戦後の千葉県は、空運と陸運において大きく変化している。また、東京都心への交通の便の良さは、高度成長期における沿岸部の石油化学工業や製鉄所（京葉工業地域）の立地や、柏の葉や野田といったエリアへの学術機関の立地、最近ではまた、地盤の強固な下総台地上へのデータセンターの立地などにつながっている。

【参考文献】
・宇野俊一ほか『千葉県の歴史』山川出版社、2012
・植田真平『鎌倉公方と関東管領』吉川弘文館、2022

I

歴史の文化編

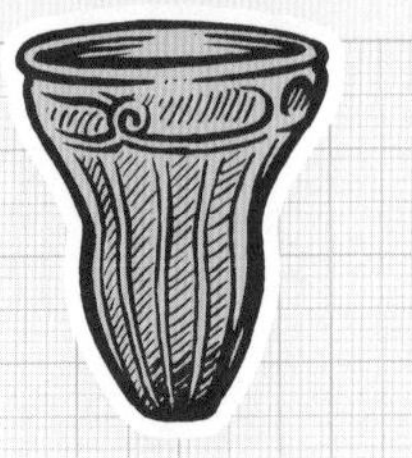

加曽利貝塚（土器「加曽利Ｅ式」）

地域の特色　千葉県は、関東地方の南東部に位置する。北はおおむね利根川を境として茨城県と接し、西は江戸川を隔てて埼玉県および東京都、西部は東京湾・浦賀水道を隔てて東京都、神奈川県と対する。地形はおおむね平坦であり、県域の4割強が標高20～30m程度の台地であり、2割強が低地からなる。県域南部は標高200～400m程度の房総丘陵を形成する。県の北端の利根川、西端の江戸川は近世以降に開削されたものであり、それ以前には北は鬼怒川、渡良瀬川が流れ、西は旧利根川、中川が東京湾側に注いでいた。また小櫃川・小糸川が台地から東京湾へと流れ、太平洋側には夷隅川・栗山川などが流れる。

こうした東京湾沿岸から現・江戸川左岸に位置する下総台地では、海進、海退による浸食で樹枝状の谷が形成され、それらが縄文時代前期の縄文海進と呼ばれる海面上昇においては入江状になり、台地縁辺部には多くの貝塚が形成された。加曽利貝塚をはじめとして、数多くの貝塚が調査され、縄文時代研究において多くの知見を提示している。

古代においては、県域は安房・上総・下総国（一部は茨城県）の房総3国が占める。古くから大和朝廷の東国・東北地方経略の拠点として重要な位置を占め、古代末期には広大な私有地を有する豪族が成立した。しかし、平将門の乱（935〈承平5〉～940〈天慶3〉年）や平忠常の乱（1028〈長元元〉～1031〈長元4〉年）が起こるなど、中央政府に対して対抗する豪族も多数現れた。中世以降は、千葉氏や上総氏の支配となるが、次第に北条氏による影響力が強まった。室町時代になると上総守護には犬懸上杉氏、安房には山内上杉氏が配され、下総千葉氏を牽制する鎌倉府の政策がうかがわれる。なお、安房では戦国期以降に里見氏が台頭し、後北条氏と激しく対立することとなる。

近世以後は、1590年の徳川家康の関東入国を契機として、房総地方は江戸の膝元となり、基本的な支配の状況としては、旗本領・大名領・代官

　凡例　史：国特別史跡・国史跡に指定されている遺跡

領などが複雑に交錯する土地となった。例えば下総では、幕末の大名領としては佐倉藩領・関宿藩領・生実藩領などのほか、一宮藩領・常陸土浦藩領・下野烏山藩領・出羽長瀞藩領・駿河田中藩領・遠江浜松藩領・山城淀藩領などがあった。

また、下総には小金牧・佐倉牧などの幕府直轄の牧が多数設けられ、将軍の狩場としても多く利用された。そうした牧遺構が下総台地を中心に現在も点在している。上総でも東金付近に鷹場が設けられ、拠点となる東金御殿のほか、街道筋に船橋御殿（船橋市）・御茶屋御殿（千葉市）が造営された。なお牧跡は、明治維新後は旧幕臣の開墾地となった。

1868年の房総3国は、旧領主16名・移封藩主7名、合わせて23名の藩主支配地と、新しく明治新政府から任命された2名の知県事（安房上総知県事・下総知県事、代官領・旗本領を管轄）の管轄地からなっていた。1869年になると安房上総知県事は宮谷県、下総知県事の管轄地には葛飾県が置かれた。両県は1873年11月まで存続し、前者は廃藩置県によって成立した諸県とともに木更津県、後者は同様に印旛県に統合された。次いで1875年6月木更津県と印旛県は統合され、ここに千葉県が設置された。

主な遺跡

加曾利貝塚

＊千葉市：都川の支谷奥部の西側舌状台地上、標高約32mに位置　時代 縄文時代早期後半～晩期　史

1907年に東京人類学会によって調査が行われ、全国的な知名度を得た。1924年に八幡一郎、甲野勇らが発掘調査を行い、南貝塚のB地点およびE地点から、「加曾利B式」、「加曾利E式」の新たな土器型式を見出し、標識遺跡として縄文土器研究の重要な遺跡となった。また、1937年には大山柏率いる大山史前学研究所によって調査が行われ、竪穴住居跡のなかに人骨が埋葬される「廃屋墓」が発見されたほか、貝塚が隣接するなどの特殊性が確認された。ちなみに、北貝塚は直径130mほどで環状を呈するが、南貝塚は馬蹄形を呈し、直径170mを測り、双方が八の字に連結するような形状をもつ。また1973年には、貝塚の東側より、長軸19m、短軸16mを呈する巨大な竪穴遺構が認められ、等間隔に並んだ柱穴列が同心円状に三重にめぐらされており、土偶や石棒も認められ、祭祀など特殊な用途の遺構であったものと考えられている。こうした大規模竪穴住居跡は吉見台遺跡（佐倉市）でも認められており、長軸19m、短軸16.5mの楕円形で、縄文時代晩期と推定されている。

貝層は厚い地点で約2mあり、ハマグリ、アサリ、ツメタガイなど主鹹貝塚で、竪穴住居跡の数はすでに140軒近く発掘されている。特に、住居内より複数体の人骨が発見されており、姥山貝塚（市川市）での事例と同様に、何らかの事故などを背景として廃絶した可能性をうかがわせる。土器のほか、土偶、耳飾はもちろん、独鈷石、石皿、磨製石斧、石棒、石鏃、骨角器の釣針、ヤス、その他動物骨として、イノシシ、シカ、マグロ、クロダイ、スズキ、クジラなどの獣骨、魚骨が出土している。

国特別史跡に指定され、貝層の断面を保存した施設をはじめ、遺跡公園の整備が行われている。この都川流域には木戸場貝塚（千葉市）、荒屋敷貝塚（千葉市）、宝導寺貝塚など、大小30以上の貝塚が支谷をもつ台地上に認められており、遺跡の多くが開発による消滅の危機に瀕している。

上本郷貝塚

＊松戸市：新坂川左岸の台地上、標高約28mに位置
時代 縄文時代前期～後期

1928年に山内清男・伊東信雄らによって発掘調査が実施された貝塚。11区の小貝塚から構成され、地点によって異なる型式の土器が出土した。これらの土器を基に型式学的な検討が行われ、諸磯、勝坂、阿玉台、加曾利E、堀之内、加曾利B、安行という年代序列がつくられたことでも知られる。戦後、東京教育大学による調査が行われ、加曾利E式期の竪穴住居跡や黒浜～加曾利E期の土器やマガキ製の貝輪、軽石製浮子などが出土している。

坂川流域をはじめ、現在の江戸川左岸の台地上には多数の貝塚が点在し、環状貝塚のほぼ全域を発掘し、集落構成を明らかにしたことで知られる縄文時代中期～晩期の貝の花貝塚（松戸市）や、100軒以上の縄文時代前期（花積下層～関山式期）の住居跡が検出されたことで知られる幸田貝塚（松戸市）など、縄文時代前期～晩期までの多数の貝塚が発掘されており、縄文文化研究の重要な知見を数多く提示している。

姥山貝塚

＊市川市：大柏川左岸、向根支谷中程台地縁辺、標高約24mに位置　**時代** 縄文時代中期中葉～後期中葉　**史**

1893年に八木奘三郎らによる発掘によって知られ、その後1926年に東京人類学会の遠足会で住居跡などが検出され、東京大学人類学教室によって本格的な発掘調査が行われた。この時、本邦初となる完全形の竪穴住居跡が発見され、全部で20軒が検出された。そのうち1軒の床面からは、5体（成人男女各2体・子ども1体）の人骨が発見され、家族構成や規模、その埋葬の背景などを分析するうえの重要な知見を提供した。また、遺構

の平板測量や遺跡の空中写真の撮影、大判カメラによる記録撮影など画期的な調査技法が試みられた。スウェーデンのグスタフ・アドルフ皇太子が発掘調査に訪れている。

戦後、1948年、49年にも調査が行われ、1962年の発掘でも多数の埋葬人骨が発見された。また、縄文中期末の火災住居跡の炭化材は、日本の発掘資料では初めて14C年代が米国において測定され、4,546±220年B.P.という測定値が得られている。

近隣の真間川流域には、東西200m、南北250mの馬蹄形貝塚の曽谷(そや)貝塚（市川市）や堀之内(ほりのうち)貝塚（市川市）がある。ちなみに、曽谷貝塚は山内清男が1935年前後に発掘し、曽谷式土器を設定したものの、彼自身が安行Ⅰ式土器との区別を十分しえないまま、現在まで単一型式としての土器の検出に成功せず、「幻の型式」とも呼ばれている。

天神前(てんじんまえ)遺跡

＊佐倉市：印旛沼南方の小支谷の谷頭、標高約30mの台地上に位置　**時代** 弥生時代中期

1963年より明治大学考古学研究室によって調査が行われ、その後1964、73、74年にも発掘調査が行われている。長径1～2m、短径0.5～1mの長楕円形の小竪穴(しょうたてあな)が検出され、小竪穴中には1個ないし数個の土器が人為的に埋納されていた。土器中には人骨が認められたことから、これらの小竪穴が墓坑(ぼこう)であったことが確認された。埋納された土器は頸(くび)の長い壺型土器が多く、遺体を白骨化したうえでなければ収納できないことから、土葬のうえで白骨化した遺体を収納したと考えられている。人骨の1体分すべてが埋納されていないことから、儀式的なものであった可能性が指摘されている。東日本における弥生時代の葬制（再葬墓）研究において貴重な知見を提示した。

龍角寺(りゅうかくじ)古墳群

＊成田市：印旛沼北東側の台地上、標高約30～35mに位置　**時代** 古墳時代後期　**史**

100基を超す古墳群で形成される。1980年代の測量調査で、円墳71基、方墳5基、前方後円墳35基を確認し、関東地方有数の古墳群であることが確認された。最大の前方後円墳は、浅間山(せんげんやま)古墳（K111）で、全長66m、後円部径45m、前方部幅48m、高さ7mを測り、6世紀の築造と推定される。ほかの前方後円墳は墳丘長20～40m程度の小規模なものであり、帆立貝形(ほたてがいがた)が多い。岩屋(いわや)古墳は、一辺80m、高さ13.2mの方墳で、全国でも第2位の規模を誇る。3段築成からなり、墳丘南側に江戸時代に開口された2基の横穴式石室が認められる。ともに凝灰岩質砂岩の切石で構築され、東側

の石室が全長6.45m、西側が全長4.8mを呈する。構築年代は7世紀後半と推定されている。

ミソ岩屋古墳は、岩屋古墳の北西に位置する方墳で、30×35m、高さ5.5mを測り、墳丘南東側に横穴式石室（凝灰質砂岩切石互目積）が開口する。石室の全長は4.6m、形態や構造は岩屋古墳に類似している。副葬品は認められていない。被葬者は岩屋古墳の被葬者と同族と推定されており、築造時期も近いものと考えられている。

こうした古墳は谷の入り組んだ台地ごとに群を形成しているほか、地域の首長の氏寺として創建された龍角寺（岩屋古墳から北西1.6kmに位置し、発掘調査により塔や金堂の基壇が確認され、瓦類の特徴から7世紀後半と推測されている）との関わりを含めて、古代の印旛沼周辺地域を考えるうえで、重要な意味をもつ。現在は千葉県立房総風土記の丘として古墳の整備が行われ、副葬品は房総風土記の丘資料館で公開されている。

金鈴塚古墳

＊木更津市：小櫃川下流域左岸の沖積地、標高約5.5mに位置
時代 古墳時代後期

1950年、早稲田大学によって調査が行われた。調査時に、墳丘は後円部の大半と前方部の一部を残すのみであった。主軸長約95m、後円部径55m、前方部幅72m。後円部に、南へ開口する凝灰岩切石積の袖無型横穴式石室があり、石室中央部に緑泥片岩の組合式箱形石棺が残存していた。棺内には青年と推測される人骨1体と副葬品が認められ、玄室入口付近や石室の奥壁付近にもさらに1体ずつ人骨が認められた。1932年の農道開設の際に、羨門部を破壊して飾沓・鞍・雲珠などの副葬品が取り出されていたが、1950年の調査時点でもほかの副葬品は埋葬時のままであり、服飾品や武具、馬具、須恵器、土師器、木器などが多数検出された。

特に、二子塚の旧名を改めることになった、5個の小形金鈴は腰飾の短冊形布とともに棺外の鐶頭大刀の傍らに認められた。銅承台付蓋鋺2個や鶏冠頭大刀（銀荘2、金銅荘1）は出土事例がまれであり、細身の鞘は黒漆塗と思われる。仿製三神五獣鏡や四乳文鏡、挂甲小札などの出土品は重要文化財に指定され、金鈴塚遺物保存館に保管されている。これら副葬品類から判断して、古墳の築造年代は7世紀初めと評価されている。

木更津周辺には丘陵上や砂丘上には祇園・長須賀古墳群と呼ばれる多くの古墳があり、鉢巻に動物文の毛彫のある眉庇付兜を出土した大塚山古墳（木更津市）や四仏四獣鏡を出土した鶴巻塚古墳、丸山古墳といった小規模円墳など多彩であり、小櫃川流域の古代を考えるうえで貴重な知

見を提供している。

安房国分寺跡

＊館山市：館山平野の南東部、標高19m前後の砂丘上に位置　時代 奈良時代

1932年、34年に調査が行われ、本格的な発掘は戦後、1976～78年にかけて行われた。主な遺構としては、東西約22m、南北約15mの基壇が1基と基壇の北西約40m地点で確認された溝が1条である。基壇は版築が施され、金堂基壇と考えられている。基壇上からは礎石や柱穴は検出されなかったが、現在同所に位置する国分寺境内に旧礎石と推測される厚さ45cm、長軸74cmの加工された石が遺存している。出土遺物としては、素縁七葉素弁蓮華文軒丸瓦や平瓦、丸瓦、堤瓦などが認められる。軒丸瓦は瓦当面に布目痕を残すものが多く、平瓦には縄目のほか斜格子の叩き目を有するものがある。ほかに8世紀代から10世紀頃の土師器、須恵器も検出され、土師器の坏に「吉」「松」と推測される篦書の施された土器が1点ずつ出土している。このほか特殊なものとして、石帯（巡方〈装飾座金〉の破片）1点と三彩の獣脚1点がある。

そもそも安房国は712（和銅5）年に成立後、741（天平13）年に上総国に合併され、さらに757年に再設置される経緯をたどり、国分寺の存在自体が疑問視されていたが、この発掘調査により安房国分寺造営がより確かなものとなった。なお県内では、下総国分寺跡（市川市）も調査が行われており、金堂、講堂、塔の基壇が発見され、法隆寺式の伽藍配置であったことが明らかとなった。また、軒丸瓦の文様が一般的な「蓮華文」ではなく、「宝相華文」であるなど、やや特殊な様相を示している。

村上込の内遺跡

＊八千代市：下総台地の北西部、段丘面の標高約27m付近に位置　時代 奈良時代

1973～74年にかけて、団地造成に伴い発掘調査が実施された。弥生時代の竪穴住居跡14軒、奈良・平安時代の竪穴住居跡155軒、掘立柱建物跡24軒などが検出された。遺物としては、弥生時代の土器は後期に属するもので、その他土師器、須恵器、灰釉陶器に加え、鎌や刀子、斧といった鉄製品、紡錘車なども検出された。特筆されるのは、墨書の施された土師器で、総点数243点が出土し、県内有数の出土量を誇る。杯のほか蓋や皿にも書かれており、「来」「毛」「借」「山」「利」「利他」などが認められ、こうした墨書文字の出土状況を竪穴住居との対応から分析した試みも行われているが、その意味については判然としていない。

国宝 / 重要文化財

象限儀

地域の特性

関東地方南東部の房総半島に位置する。東側は太平洋、西側は東京湾と浦賀水道に面し、北側に利根川、北西側に江戸川が流れている。半島北部は水利に乏しく、畑作や馬牧の多い下総台地が広がる。半島南部は低山と岩石海岸からなる房総丘陵で、首都圏の観光地となっている。県北西部は東京に近く、高度経済成長期から宅地化と工業化が急速に進み、人口密度も高い。県東部はサツマイモ、ラッカセイ、野菜などの近郊農業が盛んで、太平洋岸の九十九里平野では水利が改良されて水田が広がった。県南部は温暖な気候でビワや花卉の園芸農業、沖合漁業が盛んであるが、過疎が進んでいる。

海に囲まれた半島で、縄文時代の貝塚が多い。近代に陸上交通が整備されるまで、川や海を利用した水上交通が発達していた。古代の東海道は海を伝って、西の三浦半島から東京湾をわたり上総の富津付近に上陸し、北東へと進んだ。平安時代末期に千葉氏が源頼朝を助け、後に千葉氏一族は有力な武士団となった。戦国時代末期、小田原の後北条氏に味方した武将が多く、豊臣秀吉に敗れてほとんどが滅亡した。江戸時代には多数の中小藩が置かれ、さらに天領、旗本領、寺社領が複雑に入り組んでいた。明治維新の廃藩置県で、周辺諸県との併合・移管を繰り返して1875年にほぼ現在の千葉県ができた。

国宝 / 重要文化財の特色

美術工芸品の国宝は4件、重要文化財は43件である。1981年に佐倉に創設された国立歴史民俗博物館に国宝 / 重要文化財が多数ある。そのうち日本文学や歴史に関する古文書・古書籍、歴史資料、中国の漢籍など文字資料が多く、考古資料や絵画、彫刻も少量ある。建造物に国宝はなく、重要文化財は29件である。日蓮と縁の深い日蓮宗大本山法華経寺や、戦国

凡例 ◉：国宝、◎：重要文化財

武将の安房里見氏から庇護を受けた石堂寺などに国宝/重要文化財が多い。中世に争乱が続き、近世の中小藩も頻繁に交代があったため、有力な地方統治者による長期にわたる文化的財宝の集積が進まなかったと思われる。

◎金鈴塚古墳出土品

木更津市の郷土博物館金のすずで収蔵・展示。古墳時代後期の考古資料。金玲塚古墳は、富津岬北側で東京湾に流入する小櫃川流域に位置し、海岸から約1.8km離れた微高地上にある。長さ約90mの前方後円墳で、後円部に長さ約9.3mの横穴式石室が開口し、石室内から石棺と大量の副葬品が出土した。1950年に調査が行われ、小さな金製の鈴が見つかったことから古墳は金鈴塚と命名された。出土した副葬品は、柄頭がこぶし状の金銅装頭椎大刀、環状の柄頭の内部に2頭の竜を図案した金銅装双龍環頭大刀、柄頭がニワトリのトサカのような形をした銀装鶏冠頭大刀などの多数の刀剣類、鉄冑や挂甲と呼ばれる武具、銅馬鐸、鏡版、鞍などの馬具、仏教に関連する承台付銅蓋鋺、銅鏡、ガラス玉、瑪瑙勾玉、水晶切子玉などの玉類、金銅製透彫金具、金糸、須恵器、土師器など多種多様な内容であった。古墳の年代は6世紀末とされている。かつて東海道は三浦半島から浦賀水道を海路で越え、富津岬周辺へと通じていた。富津岬北側の平野を流れる小櫃川と小糸川流域には、内裏塚古墳をはじめ巨大な古墳が多数分布し、有力な勢力が古墳時代に存在したと推測されている。金鈴塚古墳に埋葬された首長は西日本と深い交流を結んでいたと思われ、豪華な副葬品は、群馬県の観音塚古墳出土品◎と類似している。

◉伊能忠敬関係資料

香取市の伊能忠敬記念館で収蔵・展示。江戸時代の歴史資料。伊能忠敬（1745～1818年）は佐原の商人であったが、51歳で家業を引退してから天文暦学や測量学を学び、さらに全国を周って測量し、日本地図を完成させた。残された遺品が子孫によって大切に保存されて伝わり、そのうちの2,345点が国宝となった。その内容は、伊能図と呼ばれるさまざまな大きさの彩色地図、その元となった測量下図、測量経路の風景を描いた麁絵図などの地図・絵図類、測量中の日記、測量の目標となった山島方位記、天体観測の記録、測量御用日記、辞令や先触などの文書・記録類、直筆の書状、師の高橋至時や友人たちとの往復書状などの書状類、中小の象限儀、距離を測る量程車、振子時計である推揺球儀などの器具類、暦に関する書物であるラランデ暦書管見、暦象考成後編などの典籍類からなっている。これらの資料は、江戸時代に全国を縦断した測量の実情だけでなく、伊能忠敬の人間性をも伝える貴重な学術資料となっている。

◉宋版史記　佐倉市の国立歴史民俗博物館で所蔵・展示。中国／南宋時代の典籍。前漢時代に司馬遷が著した歴史書『史記』を、南宋の慶元年間（1195～1200年）に建安（福建省）の黄善夫が中心となって印刷した漢籍である。しっかりとした字体で、鮮明な印刷である。集解・索隠・正義という3種類の注釈書も一緒に印刷され、全90冊すべてがそろっている現存最古の刊本で、世界的にも貴重な資料である。中国の官吏登用試験である科挙のためのテキストで、同館所蔵の宋版漢書◉、宋版後漢書◉と同時に印刷され、3部の漢籍が1セットだったと考えられている。この書物には、五山派の禅僧である月舟寿桂（1460～1533年）とその門人たちによる書き込みが多数ある。室町時代に五山派の禅僧の間で『史記』や『漢書』の研究が盛んになり、この書物は月舟の所蔵本だった。その後月舟から妙心寺の禅僧南化玄興へと移り、さらに米沢上杉氏の家老直江兼続の蔵書となって、米沢藩の藩校興譲館に継承された。学問好きの直江兼続は南化と知遇を得ると、本を借りて書写したり、多数の漢籍を入手した。米沢転封後には禅林寺（現法泉寺）を開いて禅林文庫を設け、米沢藩の学問的基礎を築いた。

◎笠森寺観音堂　長南町にある。桃山時代の寺院。山頂の巨岩上に建てられた四方懸造という特異な構造で、1597年に建てられた。懸造とは崖などの傾斜面に長短の柱を立て、人工の基盤を設けて上方の建物を支える建築様式である。平安時代末期以降、山岳信仰、観音信仰と結びついて全国に広まった。笠森寺観音堂は傾斜地に寄り懸るのではなく、巨岩を覆って、独立してそそり立つように建っている。桁行5間、梁間4間の寄棟造で銅板葺の屋根である。側面に付けられた木造階段を上っていくと、床下を支える多数の林立する太い柱が見え、構造的力強さを示している。内部は前側正面3間と側面2間を外陣、後方を内陣とし、四天柱を後退させている。

◎飯高寺　匝瑳市にある。江戸時代前期の寺院。総門、講堂、鼓楼、鐘楼が重要文化財になっている。飯高寺は1580年に開創された日蓮宗の檀林（学問所）で、土地の豪族であった平山刑部少輔常時が、飯高城の中に寺をつくったのが始まりと伝えられる。日蓮宗の宗門根本壇林として徳川氏より保護を受け、各地から集まった修行僧でにぎわった。

1650年に焼失し、現在の建物は翌年に再建されたものといわれている。大きな講堂の前方左右に、鼓楼と鐘楼が建ち、総門は離れた位置にある。講堂は桁行9間、梁間7間で、屋根が高い。入母屋造で厚い板を重ねて葺いた栩葺である。鼓楼は1720年に建てられ、方2間で、入母屋造の素朴な茅葺屋根の下に複雑な三手先組物と支輪があり、重厚感を感じさせる。総門は1680年に建てられ、太い部材を使用した大きくて簡素な高麗門である。高麗門とは、切妻屋根が本柱にあり、本柱の背面（内側）左右に控柱を立てて小さな切妻屋根をのせた門である。明治維新の頃、1872年に廃壇となり、多数の建物が処分された。その機能は東京に移されて、後に立正大学へと発展した。

◎新勝寺　成田市にある。江戸時代中期から末期の寺院。不動明王を祀る成田山として有名で、歌舞伎役者の初代市川団十郎をはじめ、江戸時代に庶民の間で成田不動の信仰が広まった。広い境内に多数の建造物があり、そのうち光明堂、三重塔、仁王門、釈迦堂、額堂が重要文化財である。現在の本堂が建造される以前に、歴代本堂として1655年に薬師堂、1701年に光明堂、1858年に釈迦堂が順に建立され、本堂の変遷をたどることができる。光明堂は桁行5間、梁間5間で、丸瓦と平瓦を一体化させた波状の桟瓦を葺いた桟瓦葺の入母屋造である。安政年間の移築の際に回縁と、外陣部分の床を撤去して土間としたため、珍しい構造となっている。内法長押から上の小壁に彫刻がある。釈迦堂も桁行5間、梁間5間であるが、光明堂よりも規模が大きく、装飾性が増している。入母屋造の屋根に千鳥破風、軒唐破風付1間向拝が正面にあり、周囲の外壁に五百羅漢、扉に二十四孝の彫刻がめぐらされている。三重塔は1712年に建立され、高さ約25mである。外壁に十六羅漢の彫刻、尾垂木の先端に金色の竜の彫刻、また各重の屋根の軒裏は垂木を見せない板軒にして、極彩色の浮彫で雲の文様が施されている。極彩色と彫刻に満ちた過剰装飾の建造物である。仁王門は1830年に建てられ、中心となる4本柱の前後に8本の控柱を立てた八脚門である。入母屋造の正面の屋根に千鳥破風と軒唐破風、背面にも軒唐破風が付く。上部の小壁には竹林の七賢人や司馬温公瓶割りなどの彫刻が施されている。新勝寺の建物群から江戸時代の建造物の推移がうかがえる。

☞そのほかの主な国宝 / 重要文化財一覧

	時代	種別	名称	保管・所有
1	縄文	考古資料	◎幸田貝塚出土品	松戸市立博物館
2	飛鳥	彫刻	◎銅造薬師如来坐像	竜角寺
3	平安	彫刻	◎木造十一面観音立像	荘厳寺
4	平安	彫刻	◎木造大日如来坐像（本堂安置）	妙楽寺
5	平安	古文書	◎中右記部類巻第七	国立歴史民俗博物館
6	平安	考古資料	◎銅印（印文「山邊郡印」）	国立歴史民俗博物館
7	鎌倉	絵画	◎絹本著色愛染明王像	長徳寺
8	鎌倉	絵画	◎絹本著色日蓮上人像	浄光院
9	鎌倉	絵画	◎紙本著色前九年合戦絵詞	国立歴史民俗博物館
10	鎌倉	彫刻	◎木造金剛力士立像	万満寺
11	鎌倉	彫刻	◎銅造千手観音立像	那古寺
12	鎌倉	工芸品	◎銅造十一面観音坐像	観福寺
13	鎌倉	典籍	◎伊勢物語（伝藤原為氏筆本）	国立歴史民俗博物館
14	鎌倉	典籍	◉立正安国論（日蓮筆）	法華経寺
15	南北朝	絵画	◎紙本著色親鸞上人絵伝	照願寺
16	室町～桃山	絵画	◎紙本金地著色洛中洛外図	国立歴史民俗博物館
17	江戸	歴史資料	◎大原幽学関係資料	大原幽学記念館
18	室町中期	神社	◎飯香岡八幡宮本殿	飯香岡八幡宮
19	室町後期	寺院	◎法華経寺法華堂	法華経寺
20	室町後期	寺院	◎西願寺阿弥陀堂	西願寺
21	室町後期	寺院	◎石堂寺	石堂寺
22	江戸中期	神社	◎香取神宮	香取神宮
23	江戸中期	民家	◎旧尾形家住宅（南房総市丸山町）	丸山町
24	江戸末期	民家	◎旧吉田家住宅（柏市花野井）	柏市
25	明治	住居	◎旧徳川家松戸戸定邸	松戸市

大多喜城天守

地域の特色

千葉県は安房国、上総国、下総国からなる県である。房総半島および利根川南側の関東平野を含む。古代においては桓武平氏の嫡流たる平将門・平忠常があり、将門ゆかりの将門山城・大椎城があった。忠常の子孫からは上総・千葉両氏が出て、上総氏は一宮・一柳城にあり、千葉氏は猪鼻台に居館を営んだ。

源頼朝の鎌倉開府へ大きな役割を果たした上総・千葉両氏のうち千葉氏が生きのびて、千葉六党といわれる相馬・武石・大須賀・国分・東各氏を下総要地に配した。しかし、南北朝争乱期には千葉一族が対立抗争を起こし、多古城、馬加城、助崎城などが築かれ総領支配態勢は崩れた。安房の里見氏が白浜城・稲村城を中心に、上総の武田氏が庁南城・真里谷城など、新興勢力が台頭し始めた。

室町期では千葉氏が本拠の猪鼻城を死守できず白井城に退いた。古河公方足利成氏および義明の出現で関東武士の動静も大きく変わる。義明は古河を死守できず白井城に退いたが、古河公方の影響はまだ関東武士にあり、足利義明は真里谷の武田氏を頼り、原氏の居城だった生実城に入り「小弓公方」を名乗り、房総に君臨した。

戦国期になると、安房の里見氏が上総国を手中に治め久留里城に入った。里見氏は房総を北上して、海と陸とで後北条氏勢力とぶつかり江戸湾を挟んで対立。江戸湾の合戦で里見・後北条氏はともに海賊と呼ばれる水軍を組織。里見氏は百首城に、後北条氏は浦賀城を築いた。陸地では両勢力が2度の大合戦を下総国府台で催した。決着がつかなかったが、里見氏の勢力は衰退。里見氏の将、正木氏（勝浦城）と真里谷氏（大多喜城）の抗争が激しくなり、北条氏の侵攻を許すことになった。天正18（1590）年北条氏の支配は終わり、里見氏は岡本城と館山城で命脈を保ったが、慶長19（1614）年に伯耆倉吉3万石へ移封。元和8（1622）年忠義の代に取り潰しとなり滅亡した。

主な城

大多喜城（おおたき）

別名 大滝城、小田喜城、根古谷城　所在 夷隅郡大多喜町
遺構 堀、土塁、模擬天守

城地は夷隅川の急流に臨んだ要害にある。大永元（1521）年に真里谷城主武田信興の次男信清が里見氏の侵略に備えて築城したのが始めという。天文13（1544）年武田氏が里見氏の武将正木時茂に滅ぼされた後は、正木氏の本拠となった。さらに天正18（1590）年、家康の家臣本多忠勝が正木氏を降し、10万石を拝領し、大多喜城主となった。このとき徳川家康に忠勝は、根小屋では上総10万石の支配拠点にふさわしくない、と申し出て大多喜を大改修することを提言。認められ再築城にあたり、本丸を丘の頂、二の丸を中段、三の丸を麓に構える城が築かれた。二の丸に御殿を建設した。その後阿部、稲垣氏を経て、大河内氏が城主になった。現在高校の敷地となり、本丸は運動場、二の丸は校舎となり、すっかり面影は消えているが、周囲10m、深さ20mの大井戸が残る。また、二の丸御殿にあった裏門が高校の入口に移され残っている。本丸の一部に博物館がある。

久留里城（くるり）

別名 雨城、霧降城、浦田城　所在 君津市久留里　遺構 土塁、堀、井戸、模擬天守

小櫃川に臨んだ要害に城がある。戦国時代に安房や上総地方に勢力を振るった里見氏の本拠地の一つとして、今残る城の原型ができた。江戸時代になって一時土屋氏が城主となったが、寛保2（1742）年黒田直純が上野沼田より転封し、維新に至った。黒田氏が久留里に移る際、幕府から5千両の御下賜金を得て久留里城を再興したという。

戦国時代の城は山上に本丸、二の丸、山麓に三の丸があったが、江戸時代には本丸に番所を置き、藩庁を三の丸に置き、ここで藩政をとっていた。本丸は山頂にあり、少し下った所に天神曲輪があり、井戸が二つある。さらに降ると2mくらいの土塁で四方を囲んだ二の丸があり、また尾根伝いに曲輪が設けられていた。

国府台城（こうのだい）

所在 市川市里見公園　遺構 空堀の一部

市川市営の里見公園が城址である。文明11（1479）年、千葉氏が2家に

分かれ、千葉自胤(よりたね)は武蔵石浜城、孝胤(たかたね)は下総臼井城に籠って争ったとき、太田道灌が自胤を助け、国府台の台地に構築したのが始まりという。

国府台城を有名にしたのが、天文の戦（1538）と永禄の戦（1563・1564）の2回の戦である。天文の戦いでは、小弓公方足利義明が国府台に陣を張ったが、後北条氏に下総台地上に不備を突かれ敗北した。この苦い経験から永禄の戦では太田・里見軍が北に続く台地を掘り切り、真間や須和田（現市川市）にも砦を築き、堅固な防衛によって後北条氏から守ったが、里見氏が油断したすきに攻められ敗北した。

佐倉城(さくら)

別名 鹿島城　所在 印旛郡酒々井町　遺構 空堀、土塁、水濠
史跡 国指定史跡

室町末期に千葉輔胤(すけたね)が本佐倉に築城したが、未完成に終わった。江戸時代になって幕閣の土井利勝が封ぜられ、今の佐倉城（佐倉市城内町）に移し現在の形に大修築した。土井氏の後には堀田氏が城主となり、維新に至った。本佐倉は低湿地に囲まれた丘陵が多いうえ石材を産していないので、その地理的条件のため土塁と空堀で城を築き中世的な特徴が残されている。一方の佐倉は本丸、二の丸、三の丸の三郭からなりたち、すべて深い空堀で区画されていた。本丸にかつて「御三階櫓」があったという。御三階櫓は本丸西側にあがり、北隣に二層の銅櫓が構えられていた。銅櫓は下見板張りの古風な姿をしていたといわれ、太田道灌の築いた江戸静勝軒を徳川家康の江戸築城にあたり、土井利勝に与えたといわれている。虎口が桝形をなしている点、山麓に水堀を廻(めぐ)らせ、馬出がみられる点などに近世的手法が認められる。城址には国立歴史民俗博物館が建つ。

関宿城(せきやど)

所在 野田市関宿三軒家　遺構 御殿（移築）、城門（移築）

江戸川と利根川との分流点に城址がある。城址の大部分は江戸川の改修によって川の中に没し、わずかに外郭の土塁の一部が残るにすぎない。

戦国時代には簗田氏の居城であった。簗田氏は平国香の後裔といい、古河公方の重臣として活躍していた。天正2（1574）年北条氏政が関宿城を攻略しようとしたとき上杉謙信は小山秀綱、結城持朝らとともに救援するため出陣した。謙信と同盟していた佐竹義重は出陣せず、城は簗田持助が開城。その後は北条氏、さらに豊臣秀吉の属城となった。

江戸時代になって松平康元、後に小笠原・北条・牧野・板倉久世氏と城

主が入れ替わっている。久世氏が城主に確定したのは宝永2（1705）年で維新のときは8代広業（ひろなり）であった。御殿は実相寺、城門は逆井城（さかさいじょう）（茨城県）に移築、展示されている。城址には関宿城博物館が建つ。

館山城（たてやまじょう） 別名 根古谷城 所在 館山市館山 遺構 模擬天守

館山城は、房総の里見氏末期の城である。天文の戦（1538）と永禄の戦（1563・1564）との2度の国府台合戦で北条氏に敗れた里見氏の勢力がその後、弱まっていった。そのときの本拠であった久留里城付近も北条軍に侵略されていたので、8代義康が天正16（1588）年に新しい本拠館山城を築く。

館山は房総半島の端に近く、水陸の要衝であった。城は鏡ヶ浦を眼下に見下ろす城山にあり、安土城や大坂城の築城法が取り入れられた近世的特徴が多くみられる。山麓に堀を廻らし、その外側に武家屋敷や城下町が形成され、方形の城山は段階式になっていて、本丸や二の丸、三の丸などが配されていた。本丸に三層の天守があったというが、発掘調査によって掘立造りの簡単な建物だったろうと考えられてきた。里見氏は家康の江戸入封後も外様大名として家康に従ってきたが、慶長19（1614）年大久保忠隣事件に連座して改易された。

千葉城（ちばじょう） 別名 猪鼻城（いのはなじょう） 所在 千葉市中央区亥鼻 遺構 土塁、堀切、模擬天守

房総の有力な豪族千葉氏の出自は桓武平氏といい、平良文（村岡氏を冠す）の孫忠常の子常将が初めて千葉介と名乗ったのに始まるという。千葉に城を築いたのは常将の三代後の常重のときで、大永元（1126）年という。その後常胤のときになって源頼朝の幕府創立に協力しその功により、数か国の地頭職に任命されるなど有力な豪族に成長した。しかし、15世紀の初め頃から一族内訌や里見氏の勃興などで次第に弱まり、長禄元（1457）年に本佐倉城に本城を移した。現在亥鼻公園となり、模擬天守が建つ。しかし、当時の城は館形式の中世城郭であって丘陵の突き出し部分を数か筋の堀切で区画し、各曲輪に土塁を廻らした程度のものであった。

佐貫城（さぬきじょう） 別名 富士見台亀城 所在 富津市佐貫 遺構 土塁、空堀

佐貫城は海抜80mの丘陵上にある。応永年間（1398～1428）に武田義広が築城したのが最初で、里見氏の属城となっていた。徳川家康の江戸入封

後、内藤家長が3万石で佐貫城主となり近世的城郭に大改築した。内藤氏のあとは松平氏、柳沢氏を経て、宝永6（1710）年三河刈谷から阿部正鎮が城主となり、正恒のとき、明治4（1871）年廃藩置県で廃城となる。丘を階郭式に縄張、築いた城址には、削平地、空堀が良好に保存されている。

千葉県の戦国史

15世紀後半の享徳の大乱で千葉氏は嫡流の胤直・宣胤父子が山内上杉氏につく一方、庶流の馬加康胤（胤直の叔父）は古河公方足利成氏に属して対立。康正元年（1455）康胤が胤直父子を討って千葉宗家が滅亡した。山内上杉氏の上杉房顕は、胤直の甥にあたる実胤・自胤兄弟を擁立、実胤は武蔵石浜城、自胤は武蔵赤塚城（板橋区）に転じ、以後武蔵千葉氏となった。新たに嫡流の地位についた康胤の系統は、のちに本拠を交通の要衝である本佐倉城（酒々井町）に移し、胤富の頃に最盛期を迎えた。

上総には古河公方足利成氏の命で康正2年（1456）に武田信満の二男信長が入部。やがて真里谷城（木更津市）と庁南城（長生郡長南町）の2家に分裂した。さらに安房では里見氏が台頭したが、初期の里見氏についてははっきりしないことが多い。

永正年間になると相模の三浦道寸が上総に侵入。同13年（1516）には北条早雲が三浦道寸を滅ぼして上総に侵攻してきた。真里谷武田氏は早雲の支援を得て古河公方足利政氏の二男義明を下総小弓（千葉市）に招聘し、小弓公方として擁立。南関東諸氏統合の象徴として古河公方と対立した。

安房では、里見氏の庶流義堯が北条氏と結ぶと、嫡流義豊は真理谷武田氏と結んで内訌となり、天文3年（1534）義堯が里見氏を統一、館山城（館山市）を築城した。以後、上総・下総にも進出したが、永禄7年（1564）の第二次国府台合戦で北条氏康に大敗して衰退した。さらに天正13年（1585）には千葉邦胤が家臣に殺されて事実上滅亡している。

その後、豊臣秀吉による惣無事令が出されると、里見義頼は秀吉から独立した大名として認められ、安房一国と上総南部が領国と定められた。天正18年（1590）には北条氏が秀吉に敗れて滅亡、安房以外は江戸入りした徳川家康の所領となった。

主な戦国大名・国衆

秋元氏（あきもと） 上総国周准郡の国衆。藤原北家で、嘉禄年間（1225～27）に周准郡秋元郷（君津市）を領した宇都宮泰業を祖とすると伝える。小糸城（君津市清和市場）に拠った本家の他に鎌滝（君津市）を本拠とした庶流があったとみられる。江戸時代の譜代大名秋元家はこの末裔と伝え、小糸城跡には、子孫という順朝が建立した小糸城址碑があるが、系譜関係ははっきりしない。

井田氏（いだ） 上総国武射郡の国衆。文安年間（1444～49）頃から小池城（山武郡芝山町）・坂田城（横芝光町）を本拠にして勢力を広げた。友胤は大台城（芝山町）に拠って千葉親胤に仕えた。子胤徳は千葉邦胤に仕えていたが、天正15年（1587）に邦胤が死去すると、直接北条氏政に仕えるようになっている。同18年の豊臣秀吉の小田原攻めでは小田原に在陣、その後は徳川家康に仕え、江戸時代は水戸藩士となった。

臼井氏（うすい） 桓武平氏千葉氏庶流。千葉常兼の子常康が下総国印旛郡臼井荘（佐倉市臼井）に住んで臼井六郎と称したのが祖。臼井城に拠って鎌倉幕府の御家人となり、当初は上総広常に属し、その滅亡後は千葉氏に従った。代々臼井城を拠点に千葉氏に属する国人として活動。大永年間（1521～28）景胤のときに千葉氏を離れて小弓御所足利義明に属したが、天文7年（1538）に義明が死去すると、再び千葉氏方に戻って原氏に属し、久胤のときに原氏に臼井城を奪われ、以後は原氏の家臣化した。

海上氏（うなかみ） 下総国海上郡の国衆。桓武平氏千葉氏の庶流。東胤頼の3人の孫が海上荘（三崎荘、銚子市・旭市）を領して、それぞれ海上次郎胤方・海上四郎胤久・海上五郎胤有と称したのが祖。以後の系譜ははっきりしないが、南北朝時代以降に飯沼城（銚子市）に拠る在地領主としてみえる海上氏は惣領海上次郎胤方の末裔とみられる。室町時代には中島城（銚子市中島町）を本拠として海上郡の有力国人となり、郡内に多くの庶流を出した。戦国時代は千葉氏の傘下で北条氏に属していたが、やがて嫡流の中島海上氏は没落したらしく、代わって森山城（香取市）を本拠とした森山海上氏が台頭した。天正18年（1590）佐竹氏の急襲を受けて落城した。

円城寺氏（えんじょうじ）　下総国印旛郡の国衆。園城寺の僧となっていた千葉常胤の七男日胤が死去した際、常胤が印旛郡に円城寺（佐倉市）を建立、一族がその寺領を継承して円城寺氏を称したのが祖という。室町時代には原氏とともに千葉氏の重臣だったが、原氏に敗れて武蔵国に逃れ、戦国時代は北条氏に属した。

大須賀氏（おおすが）　下総国香取郡の国衆。桓武平氏千葉氏の庶流で、千葉六党の一つ。千葉常胤の四男胤信は千葉荘田辺田に住んで田辺田氏を称していたが、寿永2年（1183）上総広常の滅亡後、香取郡大須賀郷（香取市）を賜って大須賀氏を称した。室町時代には宗家千葉氏に代わって活躍、戦国時代には松子城（成田市松子）を本拠とした嫡流の尾張守家と、助崎城（成田市名古屋）を本拠とした庶流の信濃守家に分裂した。ともに北条氏に属し、天正18年（1590）北条氏とともに滅亡した。

押田氏（おしだ）　下総国匝瑳郡南条荘（匝瑳市・山武郡横芝光町）の国衆。清和源氏の信濃押田氏の子孫という。室町時代中期頃に下総に入ったとみられ、以後は代々千葉氏に従って、戦国時代には八日市場城（匝瑳市）に拠っていた。のち北条氏を経て、天正18年（1590）徳川家康に仕え、江戸時代は旗本となった。

金田氏（かねだ）　上総の戦国大名。桓武平氏千葉氏の庶流。頼次が上総国長柄郡金田郷（長生郡長生村金田）に住んで金田氏を称し、源頼朝に仕えたのが祖。胤泰のとき上総国武射郡蕪木城（山武市松尾町蕪木）に移り、のち勝見城に転じて足利氏に属した。戦国時代邦頼は北条氏直に属し、天正18年（1590）小田原城落城で滅亡した。

鏑木氏（かぶらき）　下総国匝瑳郡の国衆。桓武平氏千葉氏庶流。匝瑳郡北条荘鏑木（旭市鏑木）発祥。千葉胤時は下総国臼井荘を領して鎌倉幕府に仕えたが、宝治合戦に連座。寛喜年間（1229～32）に子胤定は鏑木郷の地頭となって鏑木氏を称した。鏑木城に拠る。のち千葉氏の家老となった。天正18年(1590) 鏑木駿河守のときに落城した。

木内氏(きうち) 桓武平氏千葉氏の庶流。下総国香取郡木内荘(香取市木内)に住んで木内氏を称した。千葉氏に従い、元亨年間(1321～24)に川上城(香取市)を築城して拠った。また、木内胤朝は承久の乱で功をあげ、但馬国磯部荘(兵庫県朝来市)、淡路国由良荘(兵庫県洲本市)を賜っている。米野井城(香取市)の木内氏も一族で、永禄8年(1565)木内胤章は正木氏と府馬氏に攻められて討死している。

国分氏(こくぶ) 下総千葉氏の庶流。千葉六党の一つ。千葉常胤の五男胤通が下総国葛飾郡国分郷(市川市国分)を与えられて国分氏を称し、奥州征伐で功をあげ、矢作城(香取市)に移る。南北朝時代以降は没落した宗家千葉氏に代わって、千葉一族を代表する在地領主として活躍した。戦国時代は北条氏に属し、天正18年(1590)に北条氏とともに滅亡した。江戸時代は水戸藩士となる。

酒井氏(さかい) 上総の戦国大名。遠江国の出というが出自は不詳。『寛政重修諸家譜』では藤原氏支流に収められており、丹波国多紀郡酒井郷(兵庫県丹波篠山市)を発祥とする丹波酒井氏の末裔とする。室町時代中期の千葉氏の内訌の際に、鎮圧のために美濃から来た東常縁に同行して上総国に移り住んだ浜治敏が祖とみられる。のち酒井氏を称し、土気・東金の2流に分かれた。土気酒井氏は貞隆(定隆)以降古河公方足利成氏に仕えて上総土気城(千葉市)を再建して拠り、以後5代にわたって栄えた。戦国時代は北条氏に従い、天正18年(1590)豊臣秀吉の小田原攻めで落城した。文禄元年(1592)重治は徳川家康に従い、江戸時代は旗本となった。東金酒井氏も旗本となっている。

里見氏(さとみ) 安房の戦国大名。上野里見氏の末裔で、三浦氏の援助を得て安房国平群郡白浜(南房総市白浜町)に入ると、以後白浜城に拠って安房里見氏になったと伝える。史料上確認できるのは戦国時代の義通以降で、この頃に安房一国を統一したとみられる。義通の没後、弟の実堯が跡を継いで稲村城（館山市稲）に拠り、幼少の嫡男の義豊は宮本城（南房総市富浦町大津）に入ったが、大永6年（1526）に義豊が叔父実堯と重臣正木大膳大夫を暗殺。実堯の子義堯は上総国に逃れて百首城に拠って北条氏と結ぶと、義豊は上総真理谷城の武田氏と結んで内訌となった。天文3年（1534）、北条氏の支援を受けた義堯は犬掛合戦で義豊を降して里見氏を統一、館山城（館山市）を築城した。これを境に、義豊以前の嫡流を前期里見氏、傍流から当主となった義堯以降を後期里見氏と呼ぶ。天文7年（1538）の第一次国府台合戦後、義堯は久留里城を築いて本拠とし、子義弘は佐貫城に拠って上総・下総にも進出した。しかし、永禄7年（1564）の第二次国府台合戦で北条氏康に大敗して衰退した。さらに天正18年（1590）の秀吉の小田原攻めでは義康の参陣が遅れたために安房一国に領土を削られた。

椎津氏（しいつ）　上総国馬野郡の国衆。二階堂氏の一族か。同郡椎津郷（市原市）を本拠として室町時代は古河公方に仕えた。戦国時代、実綱は有木城（市原市海士有木）に拠り、天正3年（1575）里見氏に敗れて討死した。

白井氏（しらい）　下総国香取郡の国衆。桓武平氏千葉氏の庶流で「しろい」ともいう。千葉常兼の二男常親が香取郡白井（香取市）に住んで白井氏を称し、その後千葉常正の八男胤時が白井氏の名跡を継いだ。胤時は宝治元年（1247）の宝治合戦に連座して所領没収され、以後は千葉氏に従った。戦国時代、真壁義成の子三郎幹成が白井氏を継ぎ、その子胤永は千葉勝胤の重臣となった。天正18年（1590）の豊臣秀吉の小田原攻めでは白井宗幹が小田原城に籠城。小田原落城後は浪人していたが、豊臣秀吉によって召し抱えられ、江戸時代は水戸藩士となった。

多賀氏（たが）　上総国市原郡の国衆。近江佐々木氏の末裔と伝え、池和田城（市原市池和田）に拠って里見氏に属した。永禄7年（1564）多賀越中守は里見義弘に従って国府台で北条氏と戦い討死した。子高明は池和田城で北条氏政に敗れて自刃している。

高城氏（たかぎ）　下総国東葛飾郡の国衆。桓武平氏千葉氏の庶流とも、藤原南家二階堂氏の一族ともいう。小金城（松戸市）に拠り、原氏に従う。天正18

年（1590）の豊臣秀吉の小田原攻めでは胤則は小田原城に籠城、落城後は蒲生氏郷、佐久間安次に仕えた。子胤重のとき徳川秀忠に仕え、江戸時代は旗本となった。

多田氏（ただ）　下総国香取郡の国衆。桓武平氏千葉氏の庶流。大須賀常信の子常有が香取郡多田（香取市）に住んで多田氏を称したのが祖。多田城に拠り、千葉氏に属した。天正18年（1590）の豊臣秀吉の小田原攻めの際には、千葉氏とともに小田原城に籠城したという。

千葉氏（ちば）　下総の戦国大名。桓武平氏。平安時代後期、平良文の孫忠常が上総介・下総権介となって私領を開発、それを鳥羽天皇に寄進して千葉荘（千葉市）が成立し、自らは千葉氏を称した。常胤は保元の乱では源義朝に従い、治承4年（1180）に源頼朝が挙兵すると下総国府で頼朝軍に合流した。以後、一族は源平合戦で源氏に従って下総守護となり、代々下総守護を世襲。また、常胤の6人の子は、嫡男の胤正が千葉氏を継いだ他、二男師常は相馬氏、三男胤盛は武石氏、四男胤信は大須賀氏、五男胤通は国分氏、六男胤頼は東氏の祖となり、一族合わせて千葉六党といわれ、鎌倉幕府内で大きな力を持った。享徳の乱では山内上杉氏に属した嫡流の胤直・宣胤父子と、古河公方足利成氏に属した馬加康胤（胤直の叔父）が対立、康正元年（1455）康胤が胤直父子を討って千葉宗家を継いだ。しかし、山内上杉氏の上杉房顕は、胤直の甥にあたる実胤・自胤兄弟を擁立、市川城主としたことから千葉氏は2流に分裂した。翌年市川城は足利成氏によって落とされ、実胤は武蔵石浜城、自胤は武蔵赤塚城（板橋区）に転じた。実胤は寛正年間頃に出家して美濃に転じ、自胤が両城を領して、以後武蔵千葉氏となった。嫡流はのちに本拠を佐倉城に移し、胤富の頃に最盛期を迎えた。その後は北条氏に属したが、天正13年（1585）邦胤が家臣に殺されて事実上滅亡。跡を継いだ重胤は幼少のため、重臣原氏が政務を執り、同18年北条氏とともに滅んだ。

庁南氏（ちょうなん）　上総の戦国大名。長南氏ともいう。甲斐武田氏の一族。享徳の乱の際、武田信長は古河公方足利成氏に属して転戦し、乱後上総守護代となった。信長は庁南城（長生郡長南町長南）と真里谷城（木更津市真里谷）

を築城、自らは庁南城に拠って上総武田氏の祖となった。庁南城は孫の道信が継ぎ、以後庁南氏を称した。戦国時代豊信は里見氏を経て、天正5年(1577)の北条氏の里見攻めを機に北条氏に属した。同18年の豊臣秀吉の小田原攻めで北条氏とともに滅亡した。

東氏（とう） 下総の戦国大名。桓武平氏。千葉常胤の六男胤頼が香取郡東荘(香取郡東庄町)を領して東氏を称した。一族は海上郡一帯に広がり、多くの庶子家を出している。重胤は蔵人所に出仕して源実朝に仕え、歌人として知られた。子孫からは多くの歌人を輩出している。天正18年(1590)の豊臣秀吉の小田原征伐で滅亡した。

土岐氏（とき） 上総国夷隅郡の国衆。応永年間(1394～1428)に時政が摂津から万喜(いすみ市)に移住した。当初は里見氏と結んだが、のちに北条氏と結び、天正18年(1590)頼春のとき、豊臣秀吉の小田原攻めに呼応した里見氏に攻められ、滅亡した。

成東氏（なるとう） 上総国武射郡の国衆。享禄3年(1530)千葉勝胤が成東城を修築し、その五男胤定が城主となって成東氏を称したのが祖。胤定の嫡子勝定(将胤)は北条氏に属し、天正18年(1590)の豊臣秀吉の小田原攻めで討死した。

原氏（はら） 下総国千葉郡の国衆。桓武平氏千葉氏の庶流。千葉満胤の四男胤高が下総国千葉郡小弓(千葉市中央区)に築城して原氏を称した。代々小弓城に拠って千葉氏の重臣で、胤貞は弘治3年(1557)からは臼井久胤の後見人として臼井城を守り、実質的に臼井城主の立場にあった。やがて千葉氏とは別の所領経営も行うようになり、北条氏の他国衆も兼ねている。天正18年(1590)の豊臣秀吉の小田原攻めでは千葉氏とは別に軍勢を率いて北条氏とともに戦った。合戦後、胤信は徳川家康の家臣となったが、キリシタン禁止令で元和9年(1623)に火刑となっている。

正木氏（まさき） 安房国の国衆で里見氏の重臣。桓武平氏三浦氏の一族で、名字の地は安房国北郡正木(館山市)。代々里見氏に属し、戦国時代には時茂・

時忠兄弟が活躍した。嫡流の小田木家の他、庶流の勝浦正木氏や内房正木氏がある。小田木正木氏が嫡流にあたり、時茂が小田喜城（夷隅郡大多喜町）に拠ったのが祖で、里見氏の重臣でもあった。子憲時は天正6年（1578）の里見氏の内訌に乗じて独立を図ったが、内訌に勝利した里見義頼に攻められて落城し自害。義頼は二男時茂に継がせ、小田木正木氏は里見氏の一門衆となった。江戸時代は旗本となった。勝浦正木氏は勝浦城（勝浦市）に拠り、代々将監を称した。永禄7年（1564）の国府台合戦で里見氏が敗れると、里見氏を離れて北条氏の他国衆となり、同12年に再び里見氏のもとに戻っている。北条氏と里見氏が和睦すると頼忠は引き続き勝浦を支配していたが、徳川家康の関東入部で勝浦を没収されている。里見氏の滅亡後、頼忠の娘万は徳川家康の側室となって頼宣と頼房を生み、万の兄の為春は三浦と改称して、子孫は紀伊藩家老となった。その他内房に勢力を持っていた庶流があり、上総百首城（富津市）の淡路守家と、安房勝山城（鋸南町）の安芸守家の2家があったとみられる。

真里谷氏（まりやつ）　上総の戦国大名。清和源氏。上総武田氏の信高の子信興が望陀郡真里谷城（木更津市真里谷）に拠って真里谷氏を称したのが祖。戦国時代、信保（如鑑）は小弓城主の原氏と対立、永正14年（1517）古河公方足利義明とともに小弓城を落としている。天文2年（1533）には里見氏の内訌で敗れた里見義豊が信保を頼って落ちてきた。翌3年に信保が死去すると子信隆・信応の兄弟間で家督争いが起こり、足利義明が介入して信応が継いだ。しかし、これを機に里見氏が台頭、天文21年（1552）信応・信政が里見義堯に敗れて自刃、滅亡した。

山室氏（やまむろ）　下総国武射郡の国衆。清和源氏という。山室城（山武市松尾町山室）に拠っていたが、天文元年（1532）飯櫃城（山武郡芝山町）を築城、北条氏に属した。天正18年（1590）豊臣秀吉の小田原攻めで落城、光勝は自刃した。

名門／名家

◎中世の名族

里見(さとみ)氏

安房(あわ)の戦国大名。上野里見氏の義秀は竹林（群馬県太田市高林）に住み、その子孫の家基は関東公方足利義持に仕え、1441（嘉吉元）年の結城合戦で上杉憲実に敗れて戦死。子義実は相模国に落ち、三浦氏の援助を得て安房国平群郡白浜（南房総市白浜町）に入ると、以後白浜城に拠って安房里見氏になったと伝える。さらに東条氏、丸氏、神余氏、安西氏を降して45（文安2）年に安房一国を平定したというが、おそらく源頼朝の安房上陸になぞらえた後世の付会とみられ、実在は確認されていない。

史料上確認できるのは戦国時代の義通以降で、義通の没後、弟の実堯が跡を継いで稲村城（館山市）に拠り、幼少の嫡男の義豊は宮本城（南房総市富浦町）に入ったが、1526（大永6）年に義豊が叔父実堯と重臣正木大膳大夫を暗殺。実堯の子義堯は上総国に逃れて百首城に拠って北条氏と結ぶと、義豊は上総真理谷城の武田氏と結んで内訌(ないこう)となった。

34（天文3）年北条氏の支援を受けた義堯は犬掛合戦で義豊を降して里見氏を統一、館山城（館山市）を築城した。これを境に、義豊以前の嫡流を前期里見氏、傍流が当主となった義堯以降を後期里見氏と呼ぶ。

38（同7）年の第1次国府台合戦後、義堯は久留里城を築いて本拠とし、子義弘は佐貫城に拠って上総・下総にも進出した。しかし、64（永禄7）年の第2次国府台合戦で北条氏康に大敗して衰退した。さらに90（天正18）年の秀吉の小田原攻めでは義康の参陣が遅れたために安房一国に領土を削られた。

関ヶ原合戦では義康が東軍に属して、1601（慶長6）年11万2000石に加増されたが、14（同19）年忠義は岳父大久保忠隣に連座して伯耆倉吉2万石に減転となり、22（元和8）年跡継ぎがなく、断絶した。

◎近世以降の名家

阿部家（あべ）

上総佐貫藩（富津市）藩主。岩槻藩主阿部正次の二男正春が1651（慶安4）年に新墾田一万6000石を分知され、71（寛文11）年に上総大多喜藩に入封したのが祖。1702（元禄15）年三河刈谷を経て、10（宝永7）年正鎮の時に上総佐貫1万6000石に転封。1884（明治17）年正敬の時に子爵となる。正基は佐貫町長、大佐和町長を歴任した。

正能の三男の正房は3000石を分知され、書院番頭をつとめる。末裔の正蔵は、町奉行となり、その三男正外は白河藩主を継いで老中となっている。

稲葉家（いなば）

館山藩主。山城淀藩主稲葉正親の三男正明は3000石の分家稲葉正富の養子となった後、10代将軍家治の下で累進、1781（天明元）年安房館山藩一万石を立藩した。4代正巳は1865（慶応元）年老中格となり、海軍総裁もつとめた。84（明治17）年正善の時に子爵となる。

伊能家（いのう）

下総国香取郡佐原村（香取市）の旧家。伊能茂左衛門家。戦国時代は矢作城主国分氏の家臣で、江戸時代は代々村役人を世襲した。豪農の傍ら、問屋や金融業、醤油醸造を行っていた。江戸時代後期の当主・景良は国学者楫取魚彦（かとりなひこ）として著名。伊能忠敬の出た伊能三郎右衛門家とは縁戚関係にある。

伊能家（いのう）

下総国香取郡佐原村（香取市）の旧家。伊能三郎右衛門家。江戸時代は豪農の傍ら酒造業を営み、川船運送も行っていた。江戸時代中期、一時経営が傾いたが、外房の小関村から養子となった忠敬が経営を立て直し、名主もつとめている。忠敬は家督を譲った後は測量家として全国を回り、伊能図を作成した。

1827（文政10）年に孫の忠誨が21歳で病死したため断絶。代わって伊能茂左衛門家が伊能一族の当主として三郎右衛門家も管理していたが、幕末に茂左衛門家の娘が夫婦養子となって三郎右衛門家を再興した。

井上家（いのうえ）

下総高岡藩（成田市）藩主。清和源氏頼季流で浜松藩主井上家

の一族。井上清秀の四男政重が祖。徳川秀忠・家光に仕えて、1632（寛永9）年最初の大目付となり、40（同17）年に1万石に加増されて諸侯に列した。76（延宝4）年政蔽（まさあきら）は下総国香取郡高岡に住んで高岡藩を立藩した。1884（明治17）年正順の時子爵となる。

内田家（うちだ）

小見川藩（香取市）藩主。藤原南家。代々遠江国勝間田郷（静岡県牧之原市）に住んで勝間田氏を称していたが、正之の時に遠江国城飼郡内田郷（静岡県菊川市）に転じて内田氏を称したのが祖。今川氏を経て、1568（永禄11）年正之の時に徳川家康に仕えた。

1649（慶安2）年正信は下野鹿沼と下総小見川で1万5000石を領して鹿沼藩を立藩、51（同4）年に将軍家光が没すると殉死した。1724（享保9）年正偏が狂気のため除封（じょほう）となり、その子正親が1万石で再興、下総小見川（香取市）に陣屋を置いた。1884（明治17）年正学（まさあきら）の時に子爵となる。

大河内家（おおこうち）

大多喜藩主。秀綱が徳川家康に仕え、関東入国の際に武蔵国高麗郡を領したのが祖。正綱は長沢松平家の正次の跡を継いで松平氏となり、1625（寛永2）年相模玉縄藩2万2000石を立藩。1703（元禄16）年正久が上総大多喜に転封となる。幕末、正質は老中をつとめたが、鳥羽・伏見の戦いに参加したため佐倉藩に幽閉され、領地は吉田藩に保管された。1884（明治17）年子爵となる。江戸時代は大河内松平氏を称していたが、維新後大河内氏に復した。

香取家（かとり）

香取神宮大宮司。古代から下総国香取郡香取郷（香取市）に栄えた氏族で、後代々香取神宮の神職をつとめた。香取神宮は天照大神の命で地上に降った経津主神（ふつぬしのかみ）を祀り、神武天皇18年の創建と伝える。

大宮司をつとめた香取家は経津主神の末裔で、後に大中臣家から養子を迎えたため、以後は中臣姓になったという。

加納家（かのう）

上総一宮藩主。三河国加茂郡加納村（愛知県豊田市加納町）発祥。松平氏の一族という。久直の時徳川家康に仕え、子久利は紀州藩士となる。久通の時、将軍となった徳川吉宗に従って幕臣に列して伊勢と上総に所領を賜り、1726（享保11）年伊勢八田藩1万石を立藩。96（寛政8）年上野国で3000石を加増され、98（同10）年に上総一宮に陣屋を移した。1884（明治17）年久宜は子爵となり、1912（同45）年一宮町長に就任した。その子久朗は千葉県知事、日本住宅公団総裁を歴任。

久世家

関宿藩（野田市）藩主。村上源氏というが不詳。広宣が家康に仕えて1590（天正18）年の関東入国の際に、上総国望陀郡で300石を与えられたのが祖。広宣の三男広之は3代将軍家光に仕えて累進、1648（慶安元）年1万石に加増されて諸侯に列した。

その後も、若年寄、老中を歴任、69（寛文9）年下総関宿藩5万石に入封。子重之は、83（天和3）年備中庭瀬、86（貞享3）年丹波亀山、97（元禄10）年三河吉田を経て、1705（宝永2）年関宿5万石に再入封した。13（正徳3）年老中となり、18（享保3）年には6万石に加増された。後に分知で5万8000石となる。4代広明、7代広周も老中をつとめている。1884（明治17）年広業の時に子爵となる。

黒田家

久留里藩（君津市）藩主。丹党中山氏の一族。中山直張の三男直邦が外祖父の黒田用綱に養われて黒田氏を称し、1703（元禄16）年常陸下館1万5000石の藩主となって諸侯に列したのが祖。後上野沼田を経て、42（寛保2）年直純の時に上総久留里に移った。1884（明治17）年和志の時に子爵となる。

酒井家

安房勝山藩（鋸南町）藩主。1668（寛文8）年小浜藩主酒井忠直が甥の忠国に1万石を分知して安房勝山藩を立藩したのが祖。忠国は大番頭・奏者番・寺社奉行の要職を歴任した功労により、82（天和2）年1万5000石に加増された。1884（明治17）年忠勇の時子爵となる。

高梨家

下総国野田（野田市）の醤油醸造家。上花輪村の名主で、1671（寛文11）年高梨兵左衛門が江戸川沿いの今上村に蔵を建立し、本格的に醤油醸造を始めた。1781（天明元）年には醤油仲間の結成に参加、野田醤油の中心を担っていた。1857（安政4）年の醸造高は1800石である。同家住宅の庭園は千葉県指定名勝。

鳥飼家（とりかい）

上総国望陀郡奈良輪村（袖ヶ浦市）の旧家。653（白雉4）年に福王宮が奈良から上総に流された際に付き従った四人の一人である鳥飼隼人之祐が祖と伝える。戦国時代頃からは史料上で確認でき、代々太郎左衛門と六右衛門を交互に世襲した。江戸時代は奈良輪村の名主を世襲した。幕末の22代目和一郎は名字帯刀が許され、維新後は塩田の開発も行った。

林家（はやし）

請西（じょうざい）藩（木更津市）藩主。信濃国林郷（長野県松本市）発祥で清和源氏小笠原氏の支流。代々松平氏の家臣で、忠政が徳川家康に仕えて上総国茂原で200石を領したのが祖。忠篤は浦賀奉行、一橋家家老を歴任、その子忠英は1825（文政8）年若年寄となって1万石に加増、28（同11）年上総貝淵藩（木更津市）を立藩した。50（嘉永3）年忠旭の時に上総請西に移る。

戊辰戦争では忠崇は官軍に抵抗して各地を転戦、仙台で降伏したものの所領は没収された。69（明治2）年に忠弘が300石で再興、93（同26）年に男爵を授けられた。のち日光東照宮宮司もつとめている。現当主忠昭は帝京大学教授をつとめる。

久松家（ひさまつ）

多古藩主。徳川家康の生母於大の方を後妻に迎えた俊勝の二男勝俊は今川氏真や武田信玄の人質となっていたが、のち徳川家康に仕え、その子勝政は駿河国で8000石を知行した。1635（寛永12）年勝義が襲封した際、采地を下総国香取・上総国武射の2郡に移されて下総国香取郡多古（多古町）を居所とし、1713（正徳3）年勝以のとき1万2000石となって多古藩を立藩した。1884（明治17）年勝慈の時に子爵となる。

保科家（ほしな）

上総飯野藩（富津市）藩主。信濃国高井郡保科（長野市若穂保科）の国衆の末裔で、諏訪氏の一族か。武田氏滅亡後、正直は徳川家康に仕えた。正直の養子正之は2代将軍秀忠の庶子で、山形20万石を経て、1643（寛永20）年会津23万石に転封、会津松平家となった。

保科氏の家督は、正直の三男正貞が継ぎ、48（慶安元）年上総飯野藩1万7000石を立藩した。1884（明治17）年正益の時に子爵となる。

堀田家（ほった）

佐倉藩主。幕政を批判して改易された佐倉藩主堀田正信の弟正俊は徳川家綱に仕えて老中となり、家綱の没後は綱吉を将軍に擁立。1681（天和元）年大老に就任、下総古河で9万石を領した。その後、各地を転々とし、1746（延享3）年下総佐倉10万石に入封した。後11万石に加増。1884（明治17）年正倫の時に伯爵となる。

水野家（みずの）

上総鶴牧藩（市原市）藩主。松本藩主水野忠清の四男忠増が祖。忠増は1659（万治2）年に兄忠職から新墾田5000石を分知されて筑摩郡笹部（松本市）に陣屋を置き、旗本笹部水野家となった。子忠位は1711（正徳2）年1万2000石に加増されて諸侯に列した。25（享保10）年忠定の時に宗家が改易となり、安房北条に陣屋を移して北条藩を立藩した。35（同20）年には若年寄となって1万5000石に加増。1827（文政10）年忠韶の時に上総鶴牧に転じる。84（明治17）年忠順の時子爵となる。

茂木家（もぎ）

銚子の醤油醸造家。元は銚子で味噌醸造を行っていたが、1766（明和3）年に醤油醸造に切り替えたという。以後、先発の醸造家である高梨家と婚姻関係を結んで閨閥（けいばつ）を築く一方、次々と分家を出して別商標で醤油を醸造させ、幕末には野田の主要産業である醤油醸造の大半を茂木家で醸造した。

1917（大正6）年11代目七左衛門は、分家である茂木佐平治家、茂木七郎右衛門家、茂木房五郎家、茂木啓三郎家、茂木勇右衛門家、中野長兵衛家と、高梨本家の事業を統合、さらに堀切家、石川家も共同出資して野田醤油を設立した。その後、64（昭和39）年にキッコーマン醤油、80（同55）年にキッコーマンと改称している。

森川家（もりかわ）

生実（おゆみ）藩（千葉市）藩主。宇多源氏六角氏の一族で、元は堀部氏を称していた。1565（永禄8）年氏俊の時徳川家康に仕え、家康の命で外戚森川家を継いで森川と改称した。重俊は一時大久保忠隣に連座して失脚したが、大坂の陣で功をあげて復帰。以後、2代将軍秀忠の側近として累進、1627（寛永4）年下総・上総・相模で1万石を賜って、下総生実藩を立藩した。翌年には西の丸老中となったが、32（同9）年秀忠に殉死した。4代俊胤、9代俊民は若年寄をつとめている。1884（明治17）年恒の時に子爵となる。

博物館

千葉市立加曽利貝塚博物館
〈南貝塚貝層断面観覧施設〉

地域の特色

関東平野の一部を構成し、東南部を太平洋、西部は東京湾と三方を海に囲まれ県全体が房総半島といえる。「房総」と呼ばれるのは「安房国」「上総国」「下総国」からなっていたことから、安房の「房」と上総・下総の「総」の組み合わせに由来する。陸地は平野と丘陵が占め、海抜500メートル以上の山地がない唯一の都道府県である。隣接都県とは利根川、江戸川、東京湾、太平洋により画されている。東京都のベットタウン的要素が強いため人口の大半が都心寄りに集中し、中南部は比較的平坦で緑地が多く北海道に次いで2番目にゴルフ場が整備されている。半島の地形から陸上交通は袋小路ではあるが、近年では東京湾フェリーや東京湾アクアラインの開通によりアクセスの利便性は高まっている。外洋に面し港湾も整備され、また成田国際空港を擁するため海外からの文化や物資が多く入る。

千葉県博物館協会があり、活発に活動している。なお、県立の博物館整備は先行する計画を踏まえ、県内数カ所に地域の特性を生かした専門性を有する地域博物館を、県の中心に総合センターとして中央博物館と美術館を設置し、それらを相互に結ぶネットワーク網を形成する「県立博物館ネットワーク構想」(1973年)が策定され県内各地に10館1分館を設置したが、2002(平成14)年に県有施設全ての見直しが図られ、県立博物館の一部の分館化、市への移管などが実施された。

主な博物館

国立歴史民俗博物館　佐倉市城内町

佐倉城趾の一角にあり、日本列島に人類が暮らし始めた数万年前から、高度経済成長後の1970年代までの日本の歴史、民俗学、考古学を総合的に研究・展示する歴史博物館で、国立の研究機関かつ教育機関として人間文化研究機構が運営している。古文書、古記録、絵図といった歴史資料、考古資料、民俗資料などの展示数は約9千点、収蔵資料数は約22万点ある。1966（昭和41）年に「明治百年記念事業」の一環として設置を決定し、国の機関としての国立歴史民俗博物館は81（昭和56）年に発足、博物館としての一般公開は83（昭和58）年に始まった。展示は各時代を象徴するテーマが主体で、弥生時代は「稲作」、古墳時代は「前方後円墳」などを取り上げている。長期展示可能な土器や石器などを除きジオラマや復元模型、精巧なレプリカを多用している。城内の「くらしの植物苑」では、生活文化を支えてきた植物を系統的に植栽し、理解を深めることを目的としている。

千葉県立中央博物館（ちばけんりつちゅうおうはくぶつかん）　千葉市中央区青葉町

千葉県の自然誌と歴史に関する総合博物館で敷地内に「生態園」を併設している。1989（平成元）年に開館、初代館長は植物生態学で著名な沼田眞（ぬまたまこと）が就任し、生態学や分類学の若手研究者を学芸員や技師として多数採用した。常設展示のテーマは「房総（総国（ふさのくに））の自然と人間」で、総合博物館ではあるが自然史的展示の比重が大きい。ナウマンゾウやクジラの骨格標本、清澄山の照葉樹林や東京湾の干潟のジオラマなどを中心に、谷津田（やつだ）の生態系や伝統的な農村生活の展示、千葉県産の昆虫標本などを一室に集めた生物分類展示が特色である。人文分野では県の通史が解説され、重要文化財の銚子市常灯寺（ちょうししじょうとうじ）の木造薬師如来座像の複製など、県内主要文化財のレプリカが多く展示されている。分館海の博物館（勝浦市（かつうらし））と房総の山のフィールド・ミュージアム（君津市（きみつし））がある。2006（平成18）年に県の行政改革により大利根博物館（おおとねはくぶつかん）・総南博物館（そうなんはくぶつかん）が中央博物館の大利根分館、大多喜城（おおたきじょう）分館となる。

鴨川（かもがわ）シーワールド　鴨川市東町

1970（昭和45）年に開館し、イルカやアシカなどの海獣類を中心に飼育展示している。「海の世界との出会い」を展示テーマに、自然環境を再現した生態展示とパフォーマンスにより、生命のぬくもりに感動し、生命とそれを取り巻く環境の大切さを学ぶ場を提供している。同施設のメインは開館当時からの国内初のシャチショーで、また、マリンシアターと呼ばれる水槽ではベルーガと潜水した飼育員の間での水中パフォーマンスが、鯨類の能力を伝える秀逸な展示でもある。さらに、鯨類の飼育下繁殖の研究は国内でもトップクラスで、ウミガメの浜で産卵ふ化した稚ガメの太平洋への自然放流活動にも取り組んでいる。展示ではこの他、淡水魚からクラゲまで大小の水槽で構成されたエコアクアローム、珊瑚礁の水族のトロピカルアイランド、鰭脚類を中心にしたロッキーワールドなど、総合的な水族館である。メガマウスザメの全身骨格標本の展示も世界初として注目された。

伊能忠敬記念館　香取市佐原

伊能忠敬は1745（延享2）年、現在の九十九里町小関に生まれ、17歳から佐原で家業の酒造業や村の名主、村方後見として活躍。50歳で江戸に出て1800（寛政12）年から16（文化13）年まで日本全国で測量を行い、初めて実測による日本地図を完成させたことで知られている。記念館は1998（平成10）年に佐原の住居近くに建設され、館内では忠敬の人生を年代順に追い、業績である伊能図を紹介、店舗・正門・書院・土蔵が国指定史跡に指定されている。

浦安市郷土博物館　浦安市猫実

浦安の自然・文化に見て、ふれて、感じる体験型博物館。2001（平成13）年開館。屋外の「浦安のまち」は1952（昭和27）年頃の再現で実際に、べか舟や打瀬船に乗ることもできる。伝統的な木造漁船「打瀬船」の復元、2008（平成20）年に漁場汚染「黒い水事件」の企画展を開催。「すべてに開かれた博物館」「生きている博物館」「リピーターの呼べる博物館」「学校教育に生かせる博物館」をコンセプトに、学芸員のWeb通信などの情報発信も実施している。

千葉県立現代産業科学館　市川市鬼高

産業に応用された科学技術を学ぶ場の提供を目的に1994（平成6）年に開館。日本毛織株式会社（ニッケ）の中山工場跡地に立地し、展示や運営には千葉県ゆかりの大学、企業、財団法人など約60の組織が協力し、最先端産業を「現代産業の歴史」「先端技術への招待」「創造の広場」などの展示コーナーで紹介、多様な体験型の実験演示がある。「伝えたい千葉の産業技術100選」を順次選定し、「現代産業科学館研究報告」を毎年作成している。

千葉市科学館　千葉市中央区中央

区役所、子育て支援館、保健福祉センターや商業施設が入居する官民複合施設の7～10階を科学館とし、2007（平成19）年に開館した。アトリウムにプラネタリウムがある。スタッフやボランティアによる、人から人へのコミュニケーションを大切にした「人が主役」となる施設を目指している。科学を芸術、歴史、日常の視点など幅広い領域で捉え、多様な文化と科学にふれあえる場を提供。子どもから大人まで楽しめる。

千葉県立房総のむら　印旛郡栄町龍角寺

1976（昭和51）年に「房総風土記の丘」が、86（昭和61）年に「房総のむら」が開館し、2004（平成16）年に統合した。「ふるさとの技体験エリア」は新しい建物により江戸時代の商家街、武家屋敷、農家などを再現し、武術や鍛冶屋など年間約460種類の伝統技術の実演や製作体験を行っている。「風土記の丘エリア」には風土記の丘資料館や「龍角寺古墳群・岩屋古墳」、旧学習院初等科正堂（国重要文化財）など移築した歴史的建造物がある。

千葉市動物公園　千葉市若葉区源町

1985（昭和60）年の第一次開園で動物科学館・モンキーゾーン・子ども動物園・家畜の原種ゾーン、88（昭和63）年の二次開園で草原ゾーン・鳥類水系ゾーンを整備し飼育展示施設が完成した。34ヘクタールの敷地に約150種700点の動物が飼育展示されている。ボランティア活動も盛んで、ボランティアの作成による冊子「見どころ7＋」を科学館で配布。2005（平成17）年には、二足で直立するレッサーパンダの「風太」が話題となった。

市原ぞうの国　市原市山小川

1989（平成元）年に山小川ファーム動物クラブ、湘南動物プロダクションを前身に開園、96（平成8）年に現在の施設名称となった。3.5ヘクタールの敷地内にアジアゾウ9頭、アフリカゾウ1頭が飼育され、国内におけるゾウの飼育や生態を紹介し、ゾウに関する普及活動を積極的に行っている。ゾウの他にはカピバラ、トナカイ、カバなども飼育展示している。関連施設としてキリン、プレーリードッグなどもいるサユリワールドがある。

我孫子市鳥の博物館　我孫子市高野山

山階鳥類研究所が1984（昭和59）年、東京都渋谷区から手賀沼のほとりへ移転してきたことをきっかけにして、隣接地に90（平成2）年に博物館を開館した。日本で唯一、鳥類を総合的に研究・展示する博物館で、通称、鳥博と呼ばれる。常設展示は、①手賀沼の自然と鳥たち、②鳥の世界、③人と鳥の共存、のテーマで構成され、人と鳥の共存を目指し、自然観察会や手賀沼周辺で探鳥会を実施している。水質汚濁が著しい手賀沼の浄化の願いも込められている。

木更津市郷土博物館金のすず　木更津市太田

2008（平成20）年に閉館した千葉県立上総博物館を前身とし同年に開館した。木更津市周辺の歴史と文化、考古資料などを展示する歴史博物館である。館名の「金のすず」とは、1950（昭和25）年の千葉県指定史跡金鈴塚古墳の発掘調査から出土した5点の純金製の鈴のことで、同時に甲冑や大刀・装身具・須恵器も出土している。この他、旧石器時代から縄文時代、弥生時代、古墳時代（前期・中期）の遺構や遺物を紹介している。

袖ケ浦市郷土博物館　袖ケ浦市下新田

市の中央にある袖ケ浦公園の中に、1982（昭和57）年に開館した郷土資料を中心とした博物館。映像・歴史・民俗・昭和の暮らし・上総掘り・国史跡山野貝塚などの展示と情報提供により、袖ケ浦市の暮らしの移り変わりなどを展示している。また、調査研究事業や教育普及事業、地域資料管理活用事業などを通して、ふるさと袖ケ浦をさぐるとともに、強く地域と結びつきながら、地域の資料や情報を未来へと伝える活動を行っている。

千葉県立関宿城博物館　野田市関宿三軒家

県の最北端、利根川と江戸川の分流点のスーパー堤防上にあり、関宿城、旧関宿町、河川の歴史、産業、文化、自然などに関する資料の収集・保管・調査研究を行う博物館として1995（平成7）年に開館した。野田市関宿は利根川水運の中継地として栄え、高瀬舟や通運丸が往来し賑わったことから、「河川とそれにかかわる産業」をテーマに河川改修や水運の歴史、流域の人々と川との関わりを展示し、関宿城や関宿藩の歴史も紹介している。

野田市郷土博物館　野田市野田

醤油の歴史に関する資料を中心に、市の発展の遷移を展示する歴史系博物館として1959（昭和33）年に開館。2010（平成22）年にリニューアルしている。「野田に生きた人々の生活と文化」をテーマに、古くは1661（寛文元）年の醤油製造の記録に始まり、18世紀から醤油醸造業が本格的になる近世中期、そして1950年代までを複数のコーナーに分け展示。醤油樽の容器製造の紹介もある。また、市民の暮らしが近代化で変化した様子が展示されている。

松戸市立博物館　松戸市千駄堀

市制50周年記念事業の一環とし1993（平成5）年に建設された。歴史展示では、古墳時代の鏡や石製・土製の祭具類、古墳に立て並べられた埴輪などの関連資料など、旧石器・縄文時代から戦国時代の高城胤吉一族の活躍が展示されている。特徴的な展示は、昭和30年代の常盤平団地2DKの原寸大展示で、高度成長期の家電や家具、什器など、生活スタイルを忠実に再現し、3人家族が暮らす団地の一室の様子をベランダ側から見学できる。

航空科学博物館　山武郡芝山町岩山

1989（平成元）年、航空に関する科学知識の啓発と航空思想の普及および航空科学技術の振興に寄与することなどを目的に、成田国際空港の近隣に建設された日本最初の航空専門博物館。屋内展示場はボーイング747の実物パーツやシミュレーター、実物大客室モックアップ、成田国際空港の模型など航空機などの各種展示となっている。西棟屋上からは、成田国際空港のA滑走路を眺めることができる。体験館、セクション41、屋外展示場もある。

芝山町立芝山古墳・はにわ博物館　山武郡芝山町芝山

千葉県は古墳所在基数が全国第2位、遺跡出土遺物量も全国3位。前方後円墳は最多で、芝山町の周辺には5世紀から8世紀頃にかけて造営されたとされる古墳群が集中する。埴輪などの出土品も豊富なため、1988（昭和63）年に芝山公園内に本施設が開設された。「古墳時代と今をつなぐ博物館」をテーマに、第1展示室では古墳や埴輪の基礎的な理解を得る展示、第2展示室では埴輪による復元衣装、第3展示室では古墳分布図などがある。

千葉市立加曽利貝塚博物館（ちばしりつかそりかいづかはくぶつかん）　千葉市若葉区桜木

全国で縄文時代の貝塚は約2,400カ所で、うち約120カ所が千葉市内に集中している。加曽利貝塚は直径140メートルのドーナツ形の北貝塚と長径190メートルで馬のひづめの形をした南貝塚からなる日本最大級の貝塚である。貝殻のカルシウムにより通常では残らない動物の骨や魚の骨が保存されている。博物館は加曽利貝塚の遺跡の中に1966（昭和41）年に開館し、発掘された土器、石器、動物・魚・人の骨などを中心に展示している。

千葉市立郷土博物館（ちばしりつきょうどはくぶつかん）　千葉市中央区亥鼻

1967（昭和42）年に千葉市郷土館として開館。83（昭和58）年に教育委員会所管になり市立郷土博物館と館名を改め、歴史・民俗系の博物館として再出発。建物の外観は4層のお城で最上階は展望室。プラネタリウムもあったが、展示室にリニューアルした。常設展示では日本独自の武器・武具の中で、火縄銃、鎧（よろい）、刀を中心にその特徴や時代的な変化を紹介している。小中学生向けの講座の実施や、鎧や昔の着物の着用体験、騎馬武者体験もできる。

流山市立博物館（ながれやましりつはくぶつかん）　流山市加

1978（昭和53）年に開館した歴史博物館。旧石器時代資料として、流山に残された人類最古の足跡や若葉台遺跡の立川ローム層から出土した石刃などを展示している。その後、狩猟・採集の時代、米づくりの始まり、4～8世紀の古墳と埴輪など、歴史単位ごとに昭和の大型住宅団地の誕生まで通史展示している。学校教育との連携、博物館資料の貸し出し、子ども向け解説書『博物館でタイム・トリップ』を貸し出すなど教育活動に力を入れている。

八千代市立郷土博物館（やちよしりつきょうどはくぶつかん）　八千代市村上

1993（平成5）年に旧村上小学校の跡地に八千代市歴史民俗資料館として

開館し、2000（平成12）年に現称になった。「新川流域の自然と人々とのかかわりの変遷」をテーマに、地域に伝えられてきた、歴史、考古、産業資料の有形・無形の民俗資料、動植物の標本類など自然関係資料を保存・継承し、現代から過去へとさかのぼる「倒叙法」で展示している。新川の歴史や成田街道の賑わい、人々の生活の足跡など、地域の考古学や民族文化を知ることができる。

市立市川歴史博物館　市川市堀之内

1972（昭和47）年に設置された歴史博物館で、原始・古代から平安時代までを扱う考古博物館の続きとして、鎌倉時代からの市川の歴史や文化を、第1室の「中世以降の市川」に始まり第5室に分けて紹介している。第2室以降は海辺と台地、水路と陸路などの地形を生かした市川の生活や生業（塩づくり、海苔の養殖、米づくり、梨づくり）、郷土コーナーでは市川に関わる人物や民俗行事を取り上げ、中世以降の市川の歴史や文化を伝える。

市川の文学ミュージアム　市川市鬼高

2013（平成25）年にメディアパーク市川にオープンした。市川市は、万葉の昔から現代に至るまで多くの文人墨客に愛され、文化と芸術の土壌が豊かに育まれている。資料室では永井荷風、水木洋子、小島貞二、宗左近の自筆原稿などの資料をはじめ、市川ゆかりの文学に関する資料が閲覧できる。通常展示フロアでは、ゆかりの文人たちの情報をタッチパネル式の大型モニターなどで提供し、文学に関する企画展を年に3～4回開催している。

白樺文学館　我孫子市緑

柳宗悦、志賀直哉、武者小路実篤など白樺派文人たちは、手賀沼の美しい自然からエネルギーを享けて、我孫子の地で創作活動を大きく発展させた。白樺文学館は佐野力氏によって、この白樺派文人たちの活動を広く次代に伝えるため、2001（平成23）年に建設された。企画展示と「白樺派と我孫子」「民藝運動と我孫子」という二つのテーマ展示を交互に開催している。21（令和3）年は志賀直哉没後50年、白樺文学館開館20年であった。

名　字

〈難読名字クイズ〉
①伊大知／②著蕷瀬／③生貫／④越後貫／⑤古神子／⑥砂明利／⑦住母家／⑧善茂作／⑨華表／⑩南波佐間／⑪行木／⑫葉計／⑬文違／⑭生城山／⑮宗意

◆地域の特徴

千葉県も最多の名字は鈴木。人口に占める割合は2.5%と関東では茨城県に次いで高く、2位の高橋以下を大きく引き離している。ランキング上位は東京とほとんど同じで、違うのは8位の石井くらい。石井は沖縄以外に広く分布しているが、関東地方に最も多く、千葉県の第8位という順位は全国で最も高い順位となっている。

県西部の浦安市や市川市はもちろん、最近では外房の茂原市や一宮町付近までベッドタウン化してきたため、上位40位には千葉県独特の名字は全くない。おそらく、元から千葉県に住んでいる人よりも、戦後他県から移り住んで来た人の方が多いのではないだろうか。

そうしたなかで、千葉県に集中しているといえるのが、14位の小川。小川は文字通り小さな川に因む地形由来の名字で、沖縄県を除く46都道府県で200位以内に入っているなど、全国に広く分布している。全国順位も31位と上位なのだが、県順位で14位というのは全国最高。20位以内に入っ

名字ランキング（上位40位）

1	鈴木	11	加藤	21	長谷川	31	金子
2	高橋	12	林	22	斉藤	32	井上
3	佐藤	13	吉田	23	佐々木	33	岡田
4	渡辺	14	小川	24	池田	34	吉野
5	伊藤	15	山本	25	平野	35	石橋
6	斎藤	16	山口	26	遠藤	36	大塚
7	田中	17	山田	27	森	37	阿部
8	石井	18	山崎	28	石川	38	橋本
9	中村	19	松本	29	清水	39	大野
10	小林	20	木村	30	佐久間	40	高木

ているのも、他には広島県（19位）のみである。人口比でみても全国一で、山武市など外房の北部に集中している。

30位佐久間、34位吉野、35位石橋あたりは、ちょっと異色だが、吉野は千葉県から埼玉県にかけて多く、佐久間は福島県、石橋は福岡県が全国最多。それでも、御宿町では吉野は人口の5%を占める最多で、旧岬町（いすみ市）でも最多だった。また、旧蓮沼村（山武市）では石橋が人口の9%を占めて圧倒的な最多だった。

41位以下になると、いくつか千葉県らしい名字が出てくる。その代表は54位加瀬。加瀬は全国の6割弱が千葉県にあるという千葉県を代表する名字の一つ。外房の旭市では市内で一番多い名字で、横芝光町から銚子市にかけての間に集中している。

65位の宮内は利根川を挟んで銚子市と茨城県の神栖市に集中しており、74位の椎名も千葉北部から茨城南部にかけて多い。

一方、78位鶴岡は内房に多く、やはり千葉県に全国の4割強が住んでいる。100位の岩井は印旛地区に激しく集中している名字で、印旛村では最多。全国的には岐阜県の99位が最多で、千葉県の100位は2番目に高い順位となっている。

101位以下になると一挙に千葉独特の名字が登場する。川名、石毛、越川、向後、木内、鵜沢、小出、小高、篠塚、深山、松丸、香取などはいずれも千葉らしい名字。また、染谷、萓谷など、茨城県と共通する名字も多い。

●地域による違い

県西部は東京のベッドタウン化しているため、特徴は乏しい。しいていえば、浦安市に宇田川が多いが、これはむしろ東京都の名字である。しかし、それ以外の地域ではまだ本来の名字も多い。

県北部の香取・印旛地区では、篠塚、高木、岩井、香取、飯田が多い。とくに香取はここが発祥地で、飯田は旧下総町（成田市）、篠塚は旧小見川町（香取市）で最多だった。

内房地区では鶴岡が多く、次いで根本、小出、平野、佐久間などが多い。鶴岡は市原市から長生郡にかけて多く長柄町では最多。また、漢字を省略して寉岡と書くことも多い。小出は市原市、平野は富津市に多い。この他、泉水、時田・鴇田、鳥海（とりうみ）なども、この地域の名字。

外房地区では、宮内、高木、椎名、加瀬、石毛、向後が多く、飯田、吉野、関、大木、鵜沢、越川も多い。現在、千葉県の特徴となっている名字の大半は、実は外房地区の名字である。とくに宮内は銚子市、加瀬は旭市、向後は旧飯岡町（旭市）で最多で、高木は旧干潟町、椎名、越川は横芝光町、大木は匝瑳市と横芝光町に集中している。また、向後と鵜沢は、ともに全国の過半数が千葉県に集中している。匝瑳市に集中している及川は「おいかわ」ではなく、「およかわ」と読む。茂原市の深山も「みやま」だが、千葉県以外では「ふかやま」が多い。

房総半島最南端の安房地区では、川名が旧富山町（南房総市）で最多だったなど安房地区一帯に激しく集中している。その他では庄司や安西が多いのも特徴。また、独特の名字としては、館山市の唐鎌、苅込、三平、南房総市の大古、神作、笹子、鋸南町の生貝、菊間、笹生などがある。

●銚子市の名字

外房には千葉県独特の名字が多いが、なかでも銚子市は周辺の自治体とも違う全く独自の名字分布である。

最多は県順位65位の宮内で、しかも圧倒的な最多となっている。2位には全県で最多の鈴木が入るが、それでも宮内の半分強しかない。そして、3位に加瀬、4位山口、5位石毛と、県のランキングとは全く違う名字が上位に並んでいる。

さらに10位には向後が入り、11位岩瀬、13位椎名、14位名雪と続く。このうち椎名は外房に広く分布しているが、向後は銚子市と隣の旭市に全県の半分があり、名雪は全国の半数近くが銚子市にあるという独特の名字である。この他、白土や滑川も多い。

●千葉一族

都道府県名と同じ名字は多いが、その多くは県名とは直接関係しない。県名名字のベスト3は山口、石川、宮崎だが、山口は山の入り口という意味の地形由来のため全国にルーツがある。石川も各地に地名があり、石川県に由来するものはむしろ少ない。宮崎も宮＝神社のある山の先端という意味で、そのルーツとなった場所は多い。

しかし、千葉という名字のルーツは千葉県に限定される。ただし、由来となった場所は千葉県ではなく、今の千葉市にかつてあった千葉荘という地名。名字のルーツは小さな地名であることが多い。

千葉氏は武家となった桓武平氏を代表する氏族である。平安時代末期に平良文の子孫が千葉荘に住んで千葉を名乗ったのが祖で、以後千葉県北部一帯に勢力を広げ、東、武石、大須賀、国分、原、鏑木(かぶらぎ)、木内、臼井、円城寺、椎名、粟飯原(あいはら)など県内各地の地名を名字とした一族を多数出した。

源頼朝が平家打倒を目指して旗揚げした際にも千葉一族は大軍を率いて参加、鎌倉幕府でも重要な地位につき、各地に領地を賜って全国に散らばっていった。

とくに、東北地方には広大な領地を貰ったことから、大挙して一族が移住していった。それでも、あくまで千葉が本拠地で、東北は分家にすぎなかったが、室町時代に本家が滅亡したため、千葉一族の中心は東北に移ってしまった。

●香取神宮と香取氏

県北部の香取市周辺には香取という名字がきわめて多い。全国の香取さんの6割近くが千葉県にあり、その半数以上は香取市に住んでいる。ルーツはもちろん香取という地名で、メジャーな名字にもかかわらず、今でもルーツの場所にこれだけ集中しているのは珍しい。

香取市には香取神宮という古い神社がある。江戸時代以前、神宮といわれる神社は、伊勢神宮、鹿島神宮とこの香取神宮の3つしかなく、その地位の高さがわかる。この香取神宮の大宮司を務めるのが香取家で、香取一族の本家といえる。

同家に伝わっている系図によると、香取氏の先祖は経津主大神(ふつぬしのおおかみ)であるという。経津主大神とは、神武天皇の天孫降臨より前に、天照大神の命令で高天原から地上に派遣され、大国主命と交渉して出雲国を譲ってもらったという神様だから、その歴史の古さがわかる。以来、代々香取神宮の神官を務め、一族は香取神宮周辺に広がった。

●鋸南町(きょなんまち)と源頼朝

平家打倒を旗印とし、北条氏の後ろ盾を得て挙兵した源頼朝だが、石橋山合戦で平家方に敗れてしまう。ここから船で房総半島に逃れた頼朝は、千葉県内で勢力を盛り返して平家を破った。

このとき頼朝が上陸した場所は現在の鋸南町竜島地区といわれ、ここには頼朝から名字を賜ったと伝える家が多数ある。戦いに敗れて逃れてきた頼朝に対し、地元の住民が魚介類を献上すると、珍しい貝を献上した者に「生貝」、立派な魚を献上したものには「鰭崎(ひれざき)」という名字を与えた。この他にも次々と多くの名字を下賜し、なかでも、松山・菊間・柴本・中山・久保田・鰭崎・生貝は「竜島の七姓」といわれている。

● 五十音順の最初と最後

日本人の名字を五十音順に並べたときに、一番最初の名字と一番最後にくる名字が、いずれも千葉県内にある。

関西には鵄と書いて「あ」と読む名字があるが、これは中国由来。日本由来の名字としては「あい」が最初だ。「あい」と読む名字には、阿井、相、藍、安威、会、愛などいろいろな書き方がある。このうち、相と藍は千葉県に多い。ともに外房地区の名字で、茂原市付近に集中している。

一方、五十音最後の名字は「わ」で始まるもの。日本には「ん」で始まる名字はなく、五十音最後の名字は内房の木更津市から市原市にかけてみられる分目である。これで「わんめ」と読むかなりの難読名字。市原市の分目という地名がルーツで、「わかれめ」から読みが変化したものだろう。

◆千葉県ならではの名字

◎伊能（いのう）

伊能忠敬で有名な伊能という名字は千葉県独特のもの。ルーツは下総国香取郡大須賀荘伊能郷（成田市）で、豊後の緒方氏の一族という。江戸時代の請西藩の槍術指南に伊能氏があったほか、大須賀神社の神官にも伊能氏があるなど、この地域一帯に広がっていた。現在も香取市に集中している。

◎椎名（しいな）

千葉県を代表する名字の一つ。ルーツは下総国千葉郡千葉荘椎名郷（千葉市緑区椎名崎町付近）で千葉氏の一族。千葉常胤の弟胤光が椎名五郎を称したのが祖とされ、保元の乱では胤光の長男胤高が源義朝に従っている。のち千葉氏に従って匝瑳郡にも所領を得、一族は九十九里沿岸を中心に広がった。現在も横芝光町から銚子市にかけて多い。戦国時代は北条氏に仕え、小田原落城で嫡流は滅亡した。

◎清宮（せいみや）

佐倉市を中心に千葉市から成田市を経て、県境を越えて茨城県の鹿行地区にまで広がっている名字で、この地域の清宮は95％以上が「せいみや」と読む。千葉県に次いで多い埼玉県や東京都では「きよみや」の方が多く、「せいみや」と読む清宮は千葉県独特のものである。

◎野老（ところ）

東金市と大網白里市に集中している名字。「ところ」とはヤマイモに似た野生の植物で食用になるが、苦いのでとろろにはせず焼いて食べた。髭根を老人の髭に見立て、「野老」という漢字をあてたものである。

◆千葉県にルーツのある名字

◎中台（なかだい）

全国の7割近くが千葉県にあり、千葉市から船橋市にかけて集中している。庄内藩士の中台家も上総国武射（むさ）郡中台（山武郡横芝光町）がルーツで、桓武平氏臼井氏の一族。慶長8（1603）年に式右衛門が酒井家次に仕え、以後庄内藩士となった。

◎初芝（はつしば）

全国の8割近くが千葉県にある千葉独特の名字。千葉市に多く、とくに中央区・緑区・若葉区の3区に集中している。上総国長柄郡初柴村（千葉県長生郡長柄町針ヶ谷）がルーツ。

◎丸（まる）

全国の4割以上が千葉県にあり、とくに県南部に集中している。ルーツは安房国朝夷郡丸（南房総市丸）で桓武平氏という。治承4（1180）年信俊は源頼朝に従い、鎌倉幕府の御家人となった。のち安西氏と争い没落した。

◆珍しい名字

◎砂明利（すなめり）

千葉県北部の名字で、芝山町に集中している。スナメリとはイルカの一種で「砂滑」とも書き、千葉県の銚子沖などでみられる。もともと「スナメリ」という言葉は千葉から広まったともいわれ、関係があるか。

◎生城山（ふきの）

県内の珍しい名字の中でも、とくに不思議なのが長南町に集中している生城山である。これで「ふきの」と読み、漢字と読み方が全く対応していない。ルーツはわからないが、このあたりには吹野という名字も多いことから、おそらく吹野一族が漢字を生城山と変えたものであろう。

〈難読名字クイズ解答〉

①いおち／②いもせ／③うぶぬき／④おごぬき／⑤こかご／⑥すなめり／⑦すもげ／⑧ぜんもさ／⑨とりい／⑩なばさま／⑪なめき／⑫はばかり／⑬ひじかい／⑭ふきの／⑮もとい

II

食の文化編

地域の歴史的特徴

1世紀には、現在の茂原市宮ノ台で農耕集落が営まれていたことが遺跡発掘調査で判明している。1783（天明3）年には利根川の洪水と浅間山の噴火による降灰で農作物が大きな被害を受けた。

九十九里平野の北部、旭市、匝瑳市、東庄町にかけての低湿地帯にはかつて海水が湾入しており、椿海、椿湖とよばれる湖があった。その面積は7,200 ha で東京の山手線内側の面積を多少上回る広さだった。江戸時代に、この干拓が計画され、苦難の末、工事は1671（寛文11）年に完成した。これによって、18カ村が生まれ、2,741町歩（約2,741 ha）の水田が整備された。

1873（明治6）年6月15日には、木更津県と印旛県が合併して千葉県が誕生した。県名の由来については、①茅（チ、チガヤ）と生（ブ、生い茂ること）で、チブの音韻変化、②崩壊地、浸食地を意味するツバの転、の二つの説がある。同県は6月15日を「県民の日」と定めている。合併に伴い、県庁を当時の千葉町に移した。

コメの概況

千葉県の耕地率は24.5％と全国で茨城県に次いで高い。耕地面積に占める水田の比率は58.8％で全国平均より多少高い。主な生産地は利根川沿いの地域や、九十九里平野を中心とした地域である。千葉県における水稲の作付面積は関東地方では、茨城県、栃木県に次いで3位、収穫量は茨城県に次いで2位である。

水稲の作付面積、収穫量の全国順位はともに9位である。収穫量の多い市町村は、①香取市、②旭市、③匝瑳市、④成田市、⑤山武市、⑥市原市、⑦印西市、⑧茂原市、⑧東金市、⑩君津市の順である。県内におけるシェアは、香取市11.5％、旭市6.3％、匝瑳市5.3％、成田市5.3％などで、利根川に面する香取市が断トツである。九十九里に近い都市がベスト10の半数を占めている。

千葉県における水稲の作付比率は、うるち米96.4%、もち米3.6%、醸造用米0.0%である。作付面積の全国シェアをみると、うるち米は3.8%で全国順位が9位、もち米は3.5%で山形県と並んで9位、醸造用米は0.1%で群馬県、埼玉県、奈良県、宮崎県と並んで36位である。

千葉県は8月中旬頃から収穫の始まる早場米地帯である。秋の長雨や台風と重ならないように、温暖な気候を利用して早めに田植えを行い、早めに収穫している。県も早期に収穫できる早生品種を開発して、応援している。

陸稲(おかぼ)の作付面積の全国シェアは3.3%、収穫量は3.7%で、ともに3位である。

知っておきたいコメの品種

うるち米

(必須銘柄) あきたこまち、コシヒカリ、ひとめぼれ、ふさおとめ、ふさこがね、ミルキークイーン、ゆめかなえ、夢ごこち

(選択銘柄) あきだわら、いただき、五百川、とねのめぐみ、にこまる、ヒカリ新世紀、みつひかり、ミルキーサマー、ゆうだい21

うるち米の作付面積を品種別にみると、「コシヒカリ」が最も多く全体の68.9%を占め、「ふさこがね」(14.5%)、「ふさおとめ」(11.2%) がこれに続いている。これら3品種が全体の94.6%を占めている。

- **コシヒカリ**　千葉県の主力品種である。早場米の産地のため、コシヒカリは8月末に収穫が始まり、9月上旬には新米が出回る。2015 (平成27) 年産の1等米比率は92.1%と高かった。県北､県南地区とも「コシヒカリ」の食味ランキングはAである。
- **ふさこがね**　千葉県が育成した。8月中旬に収穫が始まる早生品種である。2015 (平成27) 年産の1等米比率は83.7%だった。県北、県南地区とも「ふさこがね」の食味ランキングはAである。
- **ふさおとめ**　千葉県が独自に育成した早生品種で、1998 (平成10) 年にデビューした。2015 (平成27) 年産の1等米比率は88.3%だった。県北、

県南地区とも「ふさおとめ」の食味ランキングはA'である。

- **あきたこまち**　2015（平成27）年産の1等米比率は80.5%だった。

もち米

（必須銘柄）ヒメノモチ

（選択銘柄）ツキミモチ、ふさのもち、マンゲツモチ、峰の雪もち

もち米の作付面積の品種別比率は「ヒメノモチ」が最も多く全体の57.7%を占め、「ふさのもち」（16.5%）、「マンゲツモチ」（5.5%）と続いている。この3品種で79.7%を占めている。

- **ふさのもち**　千葉県が「ココノエモチ」と「白山もち」を交配して2010（平成22）年に育成した。いもち病に強く、倒伏しにくい。2011（平成23）年から千葉県の選択銘柄。

醸造用米

（必須銘柄）五百万石、総（ふさ）の舞

（選択銘柄）雄町

醸造用米の作付品種は全量が「総の舞」である。

- **総（ふさ）の舞（まい）**　千葉県が「白妙錦」と「中部72号」を交配し、2000（平成12）年に育成した。大粒で、くず米が少ない。

知っておきたい雑穀

❶小麦

小麦の作付面積、収穫量の全国順位はともに21位である。栽培品種は「農林61号」などである。主産地は、野田市、八街市、神崎町、横芝光町、香取市などである。

❷六条大麦

六条大麦の作付面積、収穫量の全国順位はともに18位である。栽培品種は「カシマムギ」などである。野田市の作付面積は県全体の65.2%を占めている。

❸キビ

キビの作付面積の全国順位は13位である。統計では収穫量が不詳のため、収穫量の全国順位は不明である。産地は君津市（県内作付面積の53.5

%）といすみ市（46.5%）である。

❹ヒエ

ヒエの作付面積の全国順位は6位である。統計では収穫量が不詳のため、収穫量の全国順位は不明である。統計によると、千葉県でキビを栽培しているのは木更津市だけである。

❺トウモロコシ（スイートコーン）

トウモロコシの作付面積、収穫量の全国順位はともに北海道に次いで2位である。主産地は山武市、銚子市、旭市、横芝光町などである。

❻そば

そばの作付面積の全国順位は31位、収穫量は30位である。産地は千葉市、成田市、市原市などである。栽培品種は「常陸秋そば」「在来種」「信濃1号」などである。

❼大豆

大豆の作付面積の全国順位は26位、収穫量は28位である。主産地は野田市、神崎町、長南町、香取市、横芝光町などである。栽培品種は「フクユタカ」などである。

❽小豆

小豆の作付面積の全国順位は20位、収穫量は17位である。主産地は南房総市、市原市、八街市、君津市、千葉市などである。

コメ・雑穀関連施設

- **大原幽学記念館**（旭市）　大原幽学は、江戸時代後期の1835（天保6）年に当時の長部村（現旭市）を訪れたのがきっかけでこの地を拠点に、房総の各地や信州などで農民の教化と農村改革運動を指導した。特に、道徳と経済の調和を基調とした性学を説いた。1991（平成3）年に幽学関係の資料が国の重要文化財に指定されたのを受けて、旧干潟町（現旭市）が1996（平成8）年に開館した。
- **両総用水**（東金市、茂原市、香取市など14市町村）　水源に恵まれなかった九十九里地域と、冠水被害に悩まされた県北東部の利根川沿岸の両地域が、昭和初期の大かんばつを契機に一体となって運動を起こし、1943（昭和18）年に農地開発営団事業として着工された。その後、国営事業として引き継がれ、1965（昭和40）年に国営幹線や排水機場などが完成した。両総用水によって両総地域は県でも有数の農業地帯に変貌した。受益面積は1万8,000haである。

- **大利根用水**（匝瑳市、旭市、東庄町、横芝光町） 1924（大正13）年の大かんばつを契機に利根川から引水する計画が立てられ、1935（昭和10）年に着工、50（同25）年に完工した。用水はその後、全面改修された。受益農地は7,300haである。旭市の旧干潟町付近はかつて「干潟八萬石」とよばれていたが、用水が完成するまで何度もかんばつに苦しめられていた。
- **熊野（ゆや）の清水**（長南町） 弘法大師が全国行脚の途中、この地に立ち寄り、水がなくて農民が苦労しているのを見て法力で水を出したという由緒ある湧き水である。この清水は、弘法大師にちなんで「弘法の霊泉」とよばれる。湧出量は毎分48ℓで、飲料水のほか、農業用水に使われ、良質のコメが生産されている。

コメ・雑穀の特色ある料理

- **太（ふと）巻き寿司** 「祭りずし」「花ずし」という別名がある。のりか卵焼きの上に酢飯を延ばし、味付けした干ぴょう、シイタケ、ニンジン、ホウレン草、漬物などを芯にして巻いて横に切ると、断面が花や文字などを描き出す。かつては冠婚葬祭など人が集まるときのごちそうだった。
- **とりどせ** ぞうすいの一種で、漢字では鳥雑炊と書く。鶏の骨をよくたたいてだんごにして使う伝統的な郷土食で、正月、祭り、集会など寒い季節の食事に供される。木枯らしの吹く夜も体が芯から温まる。昔はどこの農家も鶏を飼育していたため、行事のときはそれを活用した。
- **まご茶**（勝浦市） カツオやアジの身をそぎ切りにし、しょうゆをつけてご飯の上にのせ、熱いお茶か熱湯をそそぐという簡単な漁師料理である。名前の由来には、①忙しい漁の合間にまごまごせず、急いで食べるから、②孫にも食べさせたいほど美味だから、の2説がある。
- **性学もち**（香取、海匝地域） 別名はつきぬきもちである。うるち米でつくるしんこもちの一種である。つまり、うるち米を粉にしないで、そのつど、米状のままもちにするため、製粉や保存の手間が省ける。江戸時代末期の農民指導者である大原幽学が伝え、香取、海匝（かいそう）地域を中心に伝承されている。好みであんこもち、みたらしだんごなどに。

コメと伝統文化の例

- **和良比はだか祭り**（四街道市）　別名、「どろんこ祭り」。五穀豊穣などを祈念する和良比皇産霊神社の伝統行事である。ふんどし姿の裸衆がお祓いを受け、泥投げ、騎馬戦、1歳未満の幼児の額に泥を塗る幼児祭礼と、泥だらけの祭りである。観衆にも泥が飛んでくるから要注意。開催日は毎年2月25日。
- **ひげなで祭り**（香取市）　鎌倉時代の1214（建保2）年に始まったとされる五穀豊穣を祈念する伝統行事である。香取市大倉の側高神社の神前で、氏子の当番が西と東に分かれて交互に酒を飲み合う。紋付き羽織袴姿で立派なひげをはやした年番がひげをなでると「もっと飲め」を意味し、相手は断れないしきたりという。開催日は毎年1月第2日曜。
- **筒粥**（袖ヶ浦市）　袖ヶ浦市飯富の飽富神社に伝わる神事である。神職たちが鍋でかゆをつくりアシの束を入れて煮詰めた後、アシの中に詰まったカユの量でコメや大麦、大豆などの今年の作柄を占う。これに先立ち、地元の若者たちが水を浴びて身を清め、ヒノキの板と棒で火をおこして火種をいろりに移す。開催日は毎年1月14日夜～15日未明。
- **吉保八幡のやぶさめ**（鴨川市）　鴨川市吉保地区の八幡神社で鎌倉時代から続く伝統行事である。210mの馬場を疾駆しながら、三つの的をめがけて矢を放ち、それを3回繰り返す。五穀豊穣を祈願し、農作物の収穫の豊凶を占うことを最大の目的にした。このため、放った矢の当たり外れによって天からのお告げがわかるように、的までの距離をとっているのが特徴である。開催日は毎年9月最終日曜日。
- **香取神宮の御田植祭**（香取市）　稲作の豊穣を祈願する同神宮の御田植祭は、すでに室町時代には行われていた。大阪・住吉大社、三重・伊勢神宮と並ぶ日本三大田植祭の一つである。1日目は拝殿前で鎌、鍬、鋤などを使って田を耕す耕田式、2日目は早乙女手代が田植え唄を歌いながら神田で植え初めをする田植式を行う。開催日は毎年4月第1土曜日と翌日の日曜日。午年は日曜日のみ。

こなもの

鯛せんべい

地域の特色

関東地方の南東部に位置し、かつては安房（あわ）・上総（かずさ）の２国と下総（しもふさ）国の大部分の地域であった。南東は太平洋に面し、西は東京湾に面している房総半島の全域、南部に房総丘陵、北部に下総台地があり、太平洋岸に九十九里平野が広がる。北の利根川と北西の江戸川が他県との境をなしている。その周辺にはいくつかの湖沼がある。南房総は、冬も温暖で、年間降水量も多い。1～2月には菜の花などいろいろな花の生育期となる。北に行くほど降水量は減り、台地の冬は寒く乾燥している。

下総台地は関東ローム層で、水の確保が困難だったので、昔は、「水なし国」といわれていた。江戸時代には、平野部では新田の開発を行い、河川改修、干拓などが進められた。沿岸を黒潮が流れ、漁業も盛んである。現在も九十九里はイワシの水揚げが多く、その加工品も多い。銚子漁港では秋はサンマや春はカツオの水揚げで賑わう。野田や銚子は醤油の醸造会社が多い。江戸時代には利根川を利用して醤油を江戸へ水上輸送を行った。

食の歴史と文化

千葉県の地域は、江戸時代には「江戸の台所」といわれていたほど野菜、魚、醤油などの生産地であった。現在も、東京への食糧の供給地となっている。東京に近い北西部の野田・船橋周辺はキャベツ・ホウレン草・小松菜（こまつな）など葉菜類の栽培が、利根川流域や房総半島では稲作が盛んであり、近年は千葉の米も人気となってきている。火山灰地の北総台地ではニンジン、ダイコン、カブなどの根菜類の栽培が盛んであり、成田周辺では落花生、サツマイモなどの栽培が盛んに行われている。温暖な九十九里浜周辺ではトマト・キュウリなどの栽培が多い。

千葉県の鎌ヶ谷周辺はナシの発祥の地で知られ、房総地方は6月になるとビワの収穫期で賑わう。富里のスイカは、町興しにも役立っているようである。

太平洋に面した銚子・大原・館山・千倉などの大きな漁業基地では、季節の旬の魚介類が水揚げされていたが、東日本大震災に伴う東京電力の福島原子力発電所のトラブルによる魚介類の放射性元素の汚染は、千葉県に水揚げされる魚介類にも影響を及ぼし、さらには沿岸での漁業も規制されている状態である。沿岸で漁獲されるキンメダイやイセエビ、アワビなどは全く水揚げされなかったようである。鴨川周辺は、昔はマダイが漁獲されることで有名であったらしく、タイの形をした「鯛せんべい」がある。松風ふうの裏白小麦粉せんべいで、房総の名物となっている。九十九里はイワシの水揚げの多い漁港で、ここにはイワシを使った郷土料理が多い。

東京湾に面している富津（ふっつ）・木更津の海域では、江戸時代から海苔の養殖が行われている。千倉の近くの和田町にはクジラの漁業基地があり、ツチクジラが水揚げされ、それから作る「クジラのたれ」という郷土料理がある。

成田山新勝寺の精進料理は、大浦ゴボウという太さ30cm、長さ１mもある巨大ゴボウの煮込み料理が供されることで知られている。料理の神様が祀られているといわれている高家（たかべ）神社は、千倉にあり、秋祭りには関東県内の食品関係者が集まり盛大に包丁式が行われる。

知っておきたい郷土料理

だんご・まんじゅう・せんべい類

①しんこだんご

千葉県印旛郡（いんばぐん）栄町の月見や法事、彼岸、盆、あるいは葬儀の日に米粉で作るだんご。来客のもてなしにも使い、冬はご飯の代わりに食べたり、味噌汁に入れる。米粉は、割れた米やくず米を、石臼で挽いて作る。食べ方は、小豆の餡と醤油ベースのくず餡をからめて食べる。

原料とするくず米や割れた米は、丁寧に水洗いし、さらさらになるまで干し上げる。寒中に粉に挽き、5月の節供まで使う分を用意する。挽いた粉に熱湯を加えて捏ねて、一握りの大きさに丸めて、蒸籠で蒸す。蒸し上がったものは臼にとって搗きだんごにする。だんごは甘い小豆餡か醤油味のくず餡で食べる。

②もろこしだんご

千葉県安房郡千倉町（現在は南房総市）の郷土料理。ご飯が少し足りない時や日の長い夏の間食として利用する。トウモロコシに似た背の高いタカキビの穂先を切って、よく乾燥したところで脱穀して粉にした「もろこし粉」に、水を加えて耳たぶの硬さになるまで練り、卵よりやや小さめのだんごに丸めて、熱湯に入れて茹でる。熱いうちに黄な粉や砂糖醤油をからめて食べる。砂糖が貴重な時代は、砂糖はごく少量だけ使い、ほとんどは醤油味か塩味で食べた。

③小麦まんじゅう

小麦粉に重曹を混ぜて作ったまんじゅうの生地で、赤砂糖を加えた小豆餡を包んで蒸したまんじゅう。祇園（旧暦6月15日前後の各地の八坂神社の祭礼）や盆に作る。春の彼岸にも作る。

④鯛せんべい

鴨川市の菓子店で作っている魚の形の煎餅。房総一帯に知られている。魚（鯛）の形をした松風ふうの小麦粉煎餅で、裏面が白色になっている。安房の鯛の浦は日蓮上人が誕生したところであるという伝説に因んで作られた煎餅。

⑤落花生風土記（煎餅）

千葉産の落花生を使った「落花生風土記」という煎餅は、落花生に、小麦粉、乳脂肪と植物油を練り合わせて焼き上げた厚焼き煎餅である。房総は酪農の発祥の地でもあり、牛乳や乳脂肪の入手は可能であった。

⑥花菜っ娘（はなこ）

南房総・館山周辺は、冬でも花が咲く温暖な気候で、年が明けると菜の花をはじめ各種の花のお花畑が広がる。房総の風物詩「菜の花」のイメージしたホイル焼き乳菓が、「花菜っ娘」である。

めんの郷土料理

①冷やしうどん

印旛地方では、祇園祭りには作っていた冷やしうどん。茹でたうどんは、鰹節のだし汁に醤油、砂糖で味を整えた汁につけて食べる。薬味はミョウガのみじん切りを用意する。

▶ 朝霧、夕霧も貢献するナシの収穫量日本一

くだもの

地勢と気候

千葉県南部の房総半島は太平洋に突き出ている。西は一部が東京湾に臨んでいる。北西は江戸川を境に東京都と埼玉県に、北は利根川を境に茨城県にそれぞれ接しており、四方を海と川に囲まれている。平均海抜は49mで、丘陵の大部分が200m以下である。

房総半島の東方沿岸沿いを黒潮が流れているため、気候は温暖である。2月中旬には房総半島南部の沿岸地域では早春の花々が咲き始め、関東地方で最も早い春の到来を感じることができる。梅雨の時期や秋には霧が発生しやすい。海の影響を受けやすいため、全体として真夏日は少ない。

知っておきたい果物

日本ナシ

日本ナシの栽培面積、収穫量の全国順位はともに1位である。栽培品種は、「幸水」「豊水」「新高」と、新品種の「あきづき」などである。主産地は白井市、市川市、鎌ヶ谷市、船橋市などである。出荷時期は「幸水」が7月下旬～8月下旬、「豊水」が8月下旬～9月下旬、「新高」が9月中旬～10月中旬頃である。

白井市産は「しろいの梨」、市川市とその周辺地域産は「市川のなし」と「市川の梨」、船橋市とその周辺地域産は「船橋のなし」としてそれぞれ地域ブランドに登録されている。

市川市におけるナシ栽培は200年以上の歴史をもつ。JAいちかわ果樹部会は、いち早くフェロモン剤を導入し、殺虫剤の削減に取り組んできた。船橋市のナシは、1960（昭和35）年に生産者が主体となって船橋市果樹研究会を設立したのがきっかけとなり、生産者と船橋市、千葉県が協力して計画的にナシの産地形成に取り組んだ。

利根川に近い香取市大倉地区は「水郷梨」で知られる。山間や小高い丘の斜面にナシ畑が広がり、利根川の朝霧、夕霧が「水郷梨」を育むとされ

る。「幸水」「豊水」が中心である。

スイカ　スイカの作付面積、収穫量の全国順位はともに熊本県に次いで2位である。主産地は富里市、八街市、山武市、芝山町、銚子市などである。出荷時期は小玉スイカが5月上旬～8月上旬、大玉のスイカが5月中旬～8月上旬と9月中旬～10月上旬頃である。

富里市、八街市などの北総台地は、火山灰土壌と、昼夜の温度差が大きい気候からスイカの栽培が盛んである。富里市産のスイカは「富里スイカ」として地域ブランドに登録されている。富里市のスイカは1933(昭和8年)頃から栽培が始まり、今では県内最大級のスイカの産地に成長している。

ビワ　ビワの栽培面積の全国順位は長崎県、鹿児島県に次いで3位である。収穫量の全国順位は長崎県に次いで2位である。栽培品種は大玉系の「大房(おおふさ)」「田中(たなか)」「富房(とみふさ)」が中心である。

千葉県はビワの経済栽培の北限に位置しており、主産地は南房総市、館山市、鋸南町など温暖な房総半島の南部に集中している。出荷時期は4月上旬～6月下旬頃である。

南房総地域産のビワは「房州びわ」として地域ブランドに登録されている。

イチゴ　イチゴの作付面積、収穫量の全国順位はともに9位である。栽培品種は「とちおとめ」「章姫」「紅ほっぺ」「アイベリー」「チーバベリー」などである。「チーバベリー」は千葉県の育成品種である。生産主産地は旭市、山武市、銚子市、香取市などである。出荷時期は12月上旬～5月中旬頃である。イチゴ狩りのできる施設は約100か所ある。

イチジク　イチジクの栽培面積、収穫量の全国順位はともに11位である。主産地は市原市、君津市、袖ヶ浦市、香取市などである。出荷時期は8月上旬～11月上旬頃である。

香取市与田浦周辺で収穫されるイチジクは「水郷イチジク」として知られる。かつて同市など水郷地帯には水路が縦横に張り巡らされ、水際にはイチジクが植えてあった。収穫期には、船頭たちの糖分や水分補給に重宝された。今は陸上交通が発達して、水路もイチジクも減少している。イチジク農家は香取市いちじく研究会を結成し、イチジクをまちおこしにつなげる方策などを話し合っている。

ブルーベリー

ブルーベリーの栽培面積の全国順位は7位、収穫量は5位である。主産地は木更津市、成田市、千葉市などである。出荷時期は5月上旬～9月上旬頃である。

千葉県におけるブルーベリーの経済栽培は、1972（昭和47）年に飯岡町（現旭市）で始まった。1985（昭和60）年以降、木更津市に産地が形成されるなど徐々に普及した。

ミカン

ミカンの栽培面積の全国順位は23位、収穫量は22位である。主産地は南房総市、鴨川市、鋸南町などである。出荷時期は10月中旬～2月下旬頃である。

メロン

主産地は銚子市、旭市などである。出荷時期は「アールスメロン」は1年中、「タカミメロン」は6月上旬～8月上旬、「プリンスメロン」は5月上旬～6月下旬頃である。

銚子市産の「銚子メロン」の主力は青肉系の「アムスメロン」で、赤肉系の「タカミレッド」も出荷する。出荷は6月上旬～7月下旬頃である。旭市飯岡地区の「飯岡メロン」の主力は青肉系の「タカミメロン」で、「タカミレッド」も出荷する。出荷は6月上旬～8月中旬頃である。

カキ

カキの栽培面積の全国順位は24位、収穫量は29位である。主産地はいすみ市、富津市、君津市などである。出荷時期は10月上旬～11月下旬頃である。

ブドウ

ブドウの栽培面積の全国順位は35位、収穫量は37位である。主産地は香取市、東金市、白井市などである。出荷時期は8月上旬～9月下旬頃である。

パッションフルーツ

パッションフルーツの栽培面積、収穫量の全国順位はともに4位である。収穫量の全国シェアは3.6%である。主産地は木更津市、南房総市、館山市などである。出荷時期は、加温ハウスものが6月～8月と12月～3月、無加温ハウスものが7月～11月頃である。

キウイ

キウイの栽培面積の全国順位は、香川県と並んで10位である。収穫量の全国順位は12位である。主産地は勝浦市、大多喜町、いすみ市などである。出荷時期は10月中旬～3月下旬頃である。

レモン

レモンの栽培面積の全国順位は14位、収穫量は17位である。主産地は南房総市、鴨川市、館山市などである。出荷時期は10

月下旬～3月下旬頃である。

ウメ　ウメの栽培面積の全国順位は14位、収穫量は26位である。主産地は横芝光町などである。

クリ　クリの栽培面積の全国順位は12位、収穫量は10位である。主産地は千葉市、成田市、君津市、白井市などである。

桃　桃の栽培面積の全国順位は45位、収穫量は神奈川県と並んで43位である。

ナツミカン　ナツミカンの栽培面積の全国順位は18位、収穫量は20位である。主産地は南房総市、鴨川市などである。

ハッサク　ハッサクの栽培面積の全国順位は15位、収穫量は19位である。主産地は南房総市、富津市、鴨川市などである。

地元が提案する食べ方の例

梨のコンポート（千葉県）

ナシは皮をむき、芯を除いてくし形に12等分。白ワインでやや透明になるまで煮て、冷蔵庫で冷やす。器に盛り、アイスクリームなどを添え、ミントの葉を飾る。

イチジクの赤ワイン煮（千葉県）

イチジクは縦半分に切り、弱火で数分間煮て、煮汁と一緒に冷蔵庫で冷やす。器に盛り、好みでアイスクリームやヨーグルトを添えミントの葉を飾る。

ビワ種杏仁豆腐（千葉県）

ビワの種は水と一緒にミキサーにかけ、ふきんでこす。牛乳、生クリームを加えて煮、砂糖と、ふやかしたゼラチンを加えて煮溶かす。タッパーに入れ冷蔵庫で固める。

いちご寒天（八千代市）

鍋に粉寒天と水を入れて火にかけ、混ぜながら煮立つまで煮て、砂糖を加えて溶けたら火から下ろし、レモン汁を加える。器に乱切りにしたイチゴを入れて、流し入れる。冷やして固める。

フルーツきんとん（千葉市）

サツマ芋の皮を厚めにむき、1cmの輪切りにしてゆで、つぶして砂糖、パイン缶の汁、水を加え、火にかけて練り混ぜる。レモン汁、パイン缶、リンゴ、キウイを混ぜる。

消費者向け取り組み

- 柏ブルーベリー観光果樹園組合　柏市
- 梨狩り・ブドウ狩り、桃もぎとりなど　鎌ヶ谷市観光農業組合

魚 食

地域の特性

関東地方の東南部に位置し、北は利根川、北西は江戸川が他県との境となっている。太平洋に向かって突き出ている房総半島の外房は太平洋に面し、房総半島の内房は東京湾に面し、海岸地区には大小さまざまの漁港が発達していて、水産業に関わっている住民は多い。房総半島の沖合は、黒潮が流れ、黒潮にのって回遊するカツオやイワシの好漁場である。茨城県との県境の利根川の河口ではアサリやハマグリを対象として営んでいる漁師もいる。太平洋に面する房総半島の、利根川から大原までの九十九里は砂浜の長い海岸線であり、黒潮の影響を受けている。九十九里の漁港は、イワシ漁業を主体とし、イワシの伝統食品が受け継がれている。かつては、九十九里浜では地引網が盛んであったが、やがて、あぐり網の開発により沖合でのイワシ漁へと替わった。南部の海岸には複雑な岩石海岸も多く、磯魚、アワビ、サザエなどが豊富に生息している。

魚食の歴史と文化

九十九里でのイワシ漁の始まりは、江戸時代の元禄年間（1688～1703）から、紀州の漁師がイワシ漁の出稼ぎに九十九里に移ったことによるといわれている。九十九里の漁港には千葉県のイワシ漁の基地となっている。そのために、水産加工会社も多く、季節になると煮干しやその他の干物類が干し棚に並ぶ。イワシ漁の船が出漁すると、家を守る女性は、みりん干し、目刺し、煮干し、九十九里名物の「イワシのごま漬け」を作る。千葉県大原のアワビの種類はマダカアワビで殻長25cmにも成長する。房総地方では「房総アワビ」「またげアワビ」ともいっている。漁獲量も多く、関東では古くから人気のアワビであったが、近年は、漁獲量は激減している。九十九里では、大量に獲れるイワシの保存食として、セグロイワシのごま漬けは、郷土の伝統食品として受け継がれている。シラスのシラス干しやイワシの幼魚の煮干しの生産地でもある。九十九里地域の魚調理法は、四国・紀伊半島・伊豆半島の漁民から伝えられたものが多い。すなわち、主な食べ方は、大雑把な生食料理が多い。

黒潮と親潮の海流にのってくる魚や磯の貝類が豊富に獲れる南房総の住民は、魚介類を干物、塩辛、なれずしなどで保存することを工夫していた。ときどき、珍しいマンボウも水揚げされ、市内の魚店で販売している。房総半島南端の房総（現在は南房総市）の海岸は、黒潮によって自然と人々の海食崖や海食洞、海食台地などがある景観のよい地域に集落を構え、漁業を営むようになった。現在の南房総市の千倉町は房総海岸の典型的な地域である。千倉町には、料理の神様を祀る「高家神社」があり、毎年の秋祭りには包丁式が披露される。

南房総の中で和田町は沿岸小型捕鯨の基地となっている。1612（慶長17）年から房総半島で捕鯨を始めた。明治維新の1868年になって捕鯨は千葉県の管轄になった。捕鯨基地は捕鯨会社によって内房総のいくつかの漁港を点々と移動され、1954（昭和29）年になって和田町が沿岸小型捕鯨の基地なったという経緯があった。この間に、「クジラのたれ」は現在の南房総一帯の保存食品として普及し、現在もこの地区の伝統食品となって残っている。

かつてマサバの漁獲量が多かった時代には、サバ節を製造し、東京のそば・うどんの汁のだしとして供給していた。ヒジキの乾燥物も古くから作られている。イワシの加工品、サバ節、ヒジキの乾燥は紀州から南房総（安房）へ移住してきた漁民の影響を受けているようである。

知っておきたい伝統食品と郷土料理

地域の魚介類

鹿島灘から南房総に至る漁港に水揚げされる魚介類は、黒潮の影響を受けるイワシ、カツオ、マアジ、マサバ、ゴマサバ、三陸方面から下る戻りカツオ、サンマなどが多い。近海や磯魚ものではスズキ、ブリ、キンメダイ、オコゼ、マタイ、カレイ、ヒラメなど多種類の魚が水揚げされている。貝類ではアワビ類（クロアワビ、マガイアワビ、マダカアワビ）、チョウセンハマグリ、サザエ、アサリが獲れ、季節によってはイセエビも獲れる。

- **最近注目されている魚介類**　カツオ（勝浦）、キンメダイ（銚子）、アナゴ（富津）、アンコウ（飯岡）、フグ（飯岡）、マダコ（大原）、イセエビ（外房）、クロアワビ（外房総）、磯ガキ（飯岡）など。

伝統食品・郷土料理

①イワシ料理

- **マイワシ**　茨城県の波崎港、大津港、千葉県の九十九里港、銚子港、飯岡港に多く水揚げされる。千葉県では「夏」の魚、「梅雨イワシ」ともいっている。
- **イワシのさんが**　銚子から九十九里で作る。千葉県寒川の地名をとって「さむかわ」が「さんが」と訛ったといわれている。漁師の船上料理で、イワシを丸ごと（内臓も頭も取らない）、シソ、ショウガ、ネギ、タマネギ、味噌などと合わせ、アワビの貝殻に詰めるか、経木、木の葉で包み網焼きにしたもの。イワシのほかサンマ、カツオ、アジ、サバも利用する。
- **いわしのすり身汁**　銚子一帯に伝わる料理だったが、現在はどこでも食べられ、冷凍品も流通している。頭を除き中骨の付いたイワシにショウガ、サンショウ、フキノトウ、味噌を入れてたたき、つなぎとしてかたくり粉や卵を加え、すり鉢ですり団子状にして澄まし汁や味噌汁に入れて煮立てる。
- **セグロイワシのごま漬け**　九十九里地区の保存食。セグロイワシの酢漬けで、ゴマがかけられている。千葉県の伝統食品となっている。
- **カタクチイワシのなれずし**　カタクチイワシは塩で締めて刺身状に作る。これに塩と酢で締めてから、黒ゴマ・ユズ皮を散しゴマ漬けとする。ショウガ・ユズ皮・トウガラシ・シソの実を混ぜて塩漬けにし、馴れずしとする。
- **いわし汁**　ダイコンの輪切りとイワシのすり身の団子をみそ汁に入れたもの。
- **いわしのおかだずし**　酢締めしたイワシとおからの押しずし。
- **イワシの卵の花漬け**　酢で締めたカタクチイワシの腹に、砂糖・塩・酢で炒ったオカラを詰めて軽く重石をかける。2～3日たってから食べる。
- **その他のイワシ料理・加工品**　刺身、塩焼き、煮つけ、甘露煮、いわし鍋、角煮、輪切り汁、くされずしがある。保存食には南蛮漬け、卯の花漬け、みりん干し、目刺し、頬通し、煮干し、しらす干しがある。

②ツチクジラのたれ

毎年6月頃には、ツチクジラは房総半島の沿岸に近寄る。これを捕獲し、南房総市和田町の漁港の側の海水中に16時間放置して熟成させる。熟成後、ツチクジラは漁港の解体場へ揚げ、解体し、各部位に分ける。「ツチクジラのたれ」には赤身肉を使う。たれを作る料理店、会社、家庭の人々は、解体場へバケツをもって買いに行く。赤身肉のブロックまたは切り身を、食塩水と肉汁を混合し食塩濃度約3％に調整し、みりんと醤油を加えた漬け汁に30～40分間漬け込む。漬け込みが終わると、食べやすい厚さと大きさに切り分け、天日で2～3時間干して出来上がる。かつては、赤身肉を食塩水だけに漬けて作った。このほうがツチクジラのうま味が発現するといわれている。食べ方は、弱火で焙ってから裂きイカのように細く裂くか、熱湯に数分漬けて軟らかくしてから裂いて食べる。ビールや日本酒、焼酎の肴に合う。

- 安房地方のクジラ料理　刺身、クジラのづけ、クジラのカツ、クジラの南蛮漬け、クジラの佃煮、クジラの香草焼き、クジラのから揚げ、クジラの尾の身の刺身や辛子味噌和え、ヤキヤキ（醤油につけてフライパンで焼く）など。

③貝料理

- あさりの佃煮　利根川の河口、久慈川の河口など地元で獲れたアサリを江戸前風の佃煮にしたもの。
- アサリの玉子とじ　アサリはむき身にして玉子とじや深川丼の具にする。
- アワビの姿煮　銚子方面で獲れたアワビを醤油で煮あげたもので、薄く切って食べる。

④カツオ・シビマグロ・サバ料理

初夏のカツオやシビマグロは刺身で食べることが多い。

- はらもの混ぜご飯　カツオのハラモ（胃）を酢で洗い、ショウガの千切りを一緒にすし飯に混ぜる。仕上げにもみのりと錦糸卵を散らす。

⑤スズキ・カサゴ料理

夏に獲れるスズキやカサゴは刺身のような生食が多い。

⑥アジ・サンマ・イカ料理

秋に漁獲されるこれらの魚は生食が多い。アジやサンマは味噌・香草野菜とまぜてたたいて小判状にまとめて焼いても食べる（サンガ焼）。

⑦海藻料理

家庭ではワカメ料理（みそ汁の具）で食べ、テングサからの寒天やトコロテンは自宅で作る。正月に欠かせないのが、ハバノリである。朝食には焙ったハバノリをこまかくもみ、ご飯にかけて食べるが、正月には雑煮に入れる。

- ハバノリとかさ貝のぬた　房総半島の海岸で獲れるハバノリとカサガイを酢味噌で和え、しょうが汁を加える。

⑧川魚料理

初夏には、利根川や江戸川でコイやフナが獲れ、秋はウナギが獲れる。冬はタナゴ・ハゼ・シジミが美味しくなる。かつては、水田ではカワエビ、ドジョウ、ザコなども獲れた。利根川流域では、フナは「ふななます」に、ナマズは野菜との煮物の「ひっこかし」を作る。

- ふな汁　佐原付近の郷土料理。フナは三枚におろし、身肉と小骨を一緒にたたき、油で炒め、根菜類・豆腐を入れ、昆布ダシで煮たもの。

▼千葉市の１世帯当たりの食肉購入量の変化（g）

年度	生鮮肉	牛肉	豚肉	鶏肉	その他の肉
2001	33,813	5,596	15,761	10,489	824
2006	38,575	5,590	18,877	11,141	1,208
2011	41,934	6,089	19,977	12,086	1,311

千葉県の南房総から鴨川にかけて広がる嶺岡丘陵に、「千葉県酪農のさと」といわれる地域がある。嶺岡丘陵の上に、戦国大名・里見氏は、軍馬を育成する牧場を作った。1614（慶長19）年に、この牧場は江戸幕府の管轄下に置かれた。8代将軍徳川吉宗（在職1716～45）の「享保の改革」において牧場の整備が行われ、現在のバターに似ている牛酪（ぎゅうらく）を作り始めた。このことから、嶺岡丘陵は日本の酪農の発祥の地といわれている。現在もこの地域は山林に囲まれ目立たないところであるが、ウシが飼育されている。千葉県での食用牛の飼育は明治時代以降である。

千葉県のブタの飼育は、中ヨークシャーを主体としていたが、この品種は発育が遅く、出産数が少ないために徐々に減少していった。1960年以降、外国から大型種（大ヨークシャー）が導入されると、大ヨークシャーを主体とした品種が飼育されるようになった。

千葉市の1世帯当たりの生鮮肉、牛肉、豚肉、鶏肉の購入量をみると、生鮮肉ばかりでなくそれぞれの食肉の購入量は2001年度よりも2006年度の購入量が増え、2006年度より2011年度の方が増えているが、各年度の生鮮肉の購入量に対する牛肉、豚肉、鶏肉、その他の肉の購入量の割合には大差がみられない。

それぞれの年代とも、千葉市の市民の食肉購入量は、さいたま市の市民や東京都都民の購入量より少ない傾向がみられる。千葉市民の食肉購入量をみると、上記の各年度とも豚肉が多いのは、豚肉文化を維持しているように思われる。

千葉県の嶺岡丘陵地域が酪農発祥の地であることを維持するかのように、

凡例　生鮮肉、牛肉、豚肉、鶏肉の購入量の出所は総理府発行の「家計調査」による小規模な酪農家があり、それぞれ独特の牛乳の加工品を作っている。飼育しているウシから二次的に得られるチーズは昔風の味覚であり、隠れた人気生産物である。

知っておきたい牛肉と郷土料理

銘柄牛は、自然豊かな環境の中でストレスを与えないで、素牛から肥育、出荷に至るまで一貫して育てられている。

牛肉料理には千葉県産ばかりでなく松阪牛も仕入れて、ステーキ、しゃぶしゃぶ、すき焼きなど、全国各地の牛肉料理が提供されている。とくに、成田空港という世界の人々が訪れる場所であるから、外国人にも人気のある牛肉料理が提案されている。

銘柄牛の種類

林牛、そうさ若瀬牛、八千代ビーフ、かずさ和牛、千葉しおさい牛、みやざわ和牛、しあわせ満天牛、美都牛、千葉しあわせ牛（しあわせ絆牛）、白牛がある。

❶千葉しあわせ牛・しあわせ絆牛

（一社）千葉農業協会に所属する畜産農家が飼育している肉用牛。飼料は千葉県内で収穫できる米を混ぜたものを使用している。黒毛和種の雄とホルスタイン種との交配による交雑種で、黒毛和種の肉質とホルスタイン種の成長力を生かした肉質で、焼肉、すき焼きに適している。健康なウシを目指した、ストレスの少ない自然環境の中で飼育している。牧場の中には焼肉店や生産した牛肉だけでなく、地域で生産している野菜の直売所も併設している。

❷白牛（はくぎゅう）

外観が白色でコブのあるウシで、アメリカでは「セブー種」といわれている。江戸時代に、インド産の3頭の白牛が輸入され、一時は70頭も飼育されていた。明治時代の中期に伝染病により死滅し、現在は、千葉県の「酪農のさと」がアメリカから輸入したセブー種のみが存在している。主として牛乳が「白牛酪」という乳製品に加工されている。千葉県が日本の酪農の発祥の地といわれているのは白牛の飼育による。

❸かずさ和牛

千葉県内の21の農場で飼育している黒毛和種。肉質はきめが細かく色も鮮やか。脂質はねっとりしていてほんのりと甘味がある。規模の大きい取引会社では、１頭丸ごと購入し、オーダーカットして販売し、また自社内に炭火焼きで食べられるレストランを用意している。「かずさ和牛工房」という名で、かずさ和牛を原料としたハム・ソーセージの製造・販売会社もある。

牛肉料理

- **千葉県の牛タン**　千葉県内の大型ショッピングセンターを中心に、仙台市の有名牛タン専門店が営業している。仙台市の専門店の支店、千葉県内の個人の店を合わせると牛タン専門店が20店舗以上もある。牛タンは炭火焼きで食べるところが多い。
- **一般的料理**　ステーキ、すき焼き、ハンバーグ、しゃぶしゃぶなどがある。東京圏に近いので、本格的フレンチ料理のシェフが牛肉料理を提供する店も多い。

知っておきたい豚肉と郷土料理

千葉県はサツマイモの栽培の盛んなところなので、ブタの餌にサツマイモを与えているところもある。

❶ダイヤモンドポーク

千葉県全域で飼育。千葉県の養豚は1830年代（天保年間）に始められたが、産業としての養豚の成立は明治時代になってからと伝えられている。この時代の飼料にはサツマイモや醤油粕、イワシなど千葉県の特産物が利用された。現在も、千葉県産のサツマイモを飼料に加え、コクのあるうま味と甘味のある豚肉を作り上げている。脂身は輝くような白色である。肉質はジューシーで深みがあり、軟らかく、脂身は口腔内の温度でほどよく溶ける脂肪を含んでいる。適量の脂身の存在はしゃぶしゃぶに適している。軟らかい肉質と脂身の甘さがわかる。煮る料理、焼く料理でも食べられる。千葉県の生産者では「幻の豚肉」、別名「チバポーク」として全国に広めているところである。

❷林 SPF

林商店は全国各地に安全で安心の養豚を展開している。千葉県産の「林SPF」は林商店の管理で飼育されている養豚の一つ。

❸ひがた椿ポーク

現在は干潟（ひがた）八万石と称される豊かな穀物地帯となっている千葉県九十九里浜北部の旭市周辺の地域。かつては､｢椿の海」とよばれた潟湖であった。江戸時代に干拓されている。昔の「椿の海」の名にちなんで、この地区で生産しているブタを｢椿ぽーく｣の名をつけた。干潟であったことから｢ひがた椿ポーク」とよばれている。椿ポークの肉質を良質にするため、穀物トウモロコシ、パン粉、キャッサバ）の選定と配合のバランスは厳しくチェックして、与えている。

知っておきたい鶏肉と郷土料理

❶上総赤どり

レッドラージとロードアイランドレッドの交配種。肉質のきめが細かく、肉色は赤みが濃い。4週の飼育で市場へ流通する。

❷房総地鶏

千葉県固有の地鶏で、横斑プリマスロックの雄と千葉県が保有しているレッドラインロードの雌を交配して生まれた。ブロイラーに比べれば小形の肉用鶏。しっかりした食感のある肉質で、ジューシー。イノシン酸の含有量が多いのでうま味がある。広範囲の料理に適している。

鶏料理 佐原市から取り寄せる鶏が多い。また各地の地鶏を提供する店も多い。肉やホルモン串焼き、ホルモンの味噌煮込み（醤油煮込み）料理、手羽先料理、から揚げ、水炊き、炒め物などよく知られた料理が多い。宮崎県の鶏料理を提供する店もある。

知っておきたいその他の肉と郷土料理

- **ツチクジラとくじらのタレ** 南氷洋でのクジラに関しては、商業捕鯨ばかりか調査捕鯨も国際的に禁止となった現在、日本でのクジラの利用は、日本近海で捕獲できるクジラに限られてしまった。現在捕獲・利用できるクジラの一つが、南房総市の和田浦港に水揚げされるツチクジラである。年間約30頭の水揚げである。日本人がクジラを伝統食材として利用してきた歴史は約400年もあり、今なお、親しまれている。南房総の館山は江戸時代にツチクジラの捕鯨が盛んだった。また南房総の和田浦は、関東地方では唯一の捕鯨基地であり、近海のツチクジラの水揚げ港である。水揚げされたツチクジラは、資源上の関係事項について調査した後に解体する。解体する場所には、食品関連会社の人々や市内の人々が集まってきて、解体後のクジラの肉や内臓を購入していく。南房総の食品製造会社や料理店、家庭の人々は、それぞれの目的で冷凍保存するか、房総の名物の「くじらのタレ」に加工する。家庭や料理店では刺身、フライ、佃煮などにして食べる。

- **クジラのたれ**　南房総の名物の一つで、土産品としても販売している。クジラの赤肉を適当に薄切りし、醤油をベースにした秘伝のタレに漬けこんでから、自然乾燥させる。タレは醤油ベースに酒、みりん、にんにく、生姜などで作った調味液である。水揚げは6月頃が多いので、夏は各家庭の庭や玄関の外に干している。醤油ベースのタレに漬けて天日で乾燥した物。クジラのタレは酒の肴に使われることが多いが、これを再び調味液で佃煮風に煮込み、ご飯の惣菜とする家庭もある。軽く炙ってほぐしていただく。
- **いのしし料理**　南房総の猟師たちが山間部で捕獲したイノシシは鍋料理（イノシシ鍋）で食べる程度。イノシシが捕獲されたときに、たまたま民宿でイノシシ鍋を提供することがある。千葉県産の野菜を入れ、味噌仕立てである。

▼千葉市の１世帯当たり年間鶏肉・鶏卵購入量

種　類	生鮮肉（g）	鶏肉（g）	やきとり（円）	鶏卵（g）
2000年	37,335	10,433	3,536	31,002
2005年	39,488	11,756	2,265	32,430
2010年	44,021	14,267	2,929	26,179

千葉県は太平洋に突き出た房総半島の海岸沿いの漁業基地から、魚介類が豊富で海や魚介類にまつわる文化や行事が多く存在しているイメージが強い。房総半島の南部に位置する房総丘陵の山間部には日本で初めて乳牛を飼育し、牛乳を製造した施設も残っている。また、こだわりの手作りチーズを作っている施設もある。大消費地の首都圏に近いため、房総の漁港に水揚げされた魚介類は、船で東京湾の奥の築地魚市場へ運ぶことができた。北総地域で栽培されている各種野菜類やコメも首都圏との強い絆をもっている。

郷土料理や伝統食には魚介類や野菜類が多く、鶏や卵を使ったものはない。郷土料理の太巻き寿司は、切り口が花や動物の顔が現れるように、すし飯に色を付けたり、色のついた野菜や食品を中心にして、これらを組み合わせて幅の広い海苔で巻いたものである。太さのさまざまな海苔巻をつくる。この太巻き寿司は冠婚葬祭や会合、運動会の弁当には欠かせない。この太巻き寿司の芯に玉子焼きを入れるときに、卵が使われる。

県庁所在地千葉市の１人当たりの2000年から2010年までの購入量をみると、生鮮肉や鶏肉の購入量は、年々増加している。一方、やきとりは2000年の購入金額に比べて、2005年、2010年の購入金額が少なくなっている。いつの年代もやきとりの購入金額が3,000円前後である。この１世帯当たりの購入額から家庭での利用回数を推定すると、４人家族では年間２回、夫婦２人家族で３～４回の利用回数と推定している。男性サラリーマンのやきとりを利用する場所が家庭の外の居酒屋や焼き鳥屋などの外食とすれば、家計調査には記載されないので、個人のやきとり利用回数の推定は難しい。

2010（平成22）年の鶏卵の生産量は全国2位。鶏卵の購入金額は、2000年より2005年が増え、2005年より2010年が少ない。卵の利用方法として生卵による「卵かけご飯」を食べるのを好まなくなった人もいる。その理由として、生卵をかけて白米がぬるぬるした食感を嫌うこと、生卵の殻の表面は、衛生的には決して良好であるとはいえないことなどから、卵かけご飯の人気がなくなったと考えられる。

千葉県の銘柄鶏には、赤どり、関東味どり、華味鳥、房総地鶏、総州古白鶏、あじわい鶏、愛彩ハーブチキン、水郷赤鶏、水郷若鶏、水郷あやめ鶏などがある。これらの銘柄鶏は放し飼いをし、十分に運動させ、弾力ある肉質で、味もよく、ジューシーな肉質になるように飼育して出荷している。特殊な飼料を与え、低カロリーの鶏肉になるように飼育しているものもある。

知っておきたい鶏肉、卵を使った料理

- **太巻き寿司、太巻き祭り寿司**　千葉県房総地方の郷土料理。由来は、握り寿司とちらし寿司が合体した、押し寿司の変形等々諸説ある。海の幸、山の幸、お米、海苔に恵まれた千葉が産んだ郷土料理。花鳥風月を描いた物や、文字、顔などが金太郎飴のように描かれる。見ても食べても美味しい。具は、玉子焼きやかんぴょう、椎茸、きゅうり、紅しょうが、でんぶの他、寿司飯に色を付けた物も使われる。普通の海苔で巻いた太巻きの他に、薄焼き玉子で巻いた玉子巻きもある。とくに、鴨川の玉子巻は、巻く玉子が他の地域より厚い。
- **伊達巻寿司**　銚子で昔から食べられている郷土料理。太巻き寿司を海苔ではなくて少し厚めに焼いた卵焼きで巻いた巻寿司。巻く具は土地土地で異なるが、基本的に太巻きと同じで、玉子焼きやかんぴょう、椎茸、きゅうり、紅しょうがなど。近年は巻かないで大きく厚い玉子焼き状の伊達巻を載せる店もある。大阪でも食される。伊達巻は、溶いた卵に、白身魚のすり身を加え、味醂と塩などで味付けをして、厚く焼き、切り口が渦巻状になるように鬼簀（おにす）で巻く。祝い事や正月料理の彩に用いる。伊達巻をお皿に盛り付ける際、“の”の字になるようによそう。伊達は、粋で外観を飾ることを意味し、婦人の和服で締める伊達巻にも似ている

ので、伊達巻とよばれる。

- **鳥雑炊**　千葉は昔から養鶏家が多く、お祝いやお祭り、集会など人が集まる時の食事として作られた郷土料理。骨を細かく砕いて鶏肉に混ぜて作ったコクのある鶏肉団子と、ごぼうや椎茸などの野菜を、味噌仕立てのスープで作る雑炊。
- **くじら弁当**　館山駅で売られる評判の駅弁。1日30食の限定販売。ご飯の中央に黄色が鮮やかな卵のそぼろが敷かれ、その両側に鯨の大和煮とそぼろが載る。鯨肉の黒色に、黄色の卵のそぼろと赤い紅しょうがが良いアクセントになっている。自家製スープで煮た大和煮と味噌ベースのそぼろがご飯とよく合う。

卵を使った菓子

- **ピーナッツサブレ**　卵を使った銘菓、生産量日本一の千葉名産の落花生と、生産量日本2位の鶏卵を使って、焼いたサブレ。サクッとした食感とピーナツの風味が美味しい。
- **花菜っ娘**　1923（大正12）年創業の館山市の「房洋堂」が作る千葉銘菓。県花の菜の花の黄色をイメージした黄味餡をホイル焼きした。第19回全国菓子大博覧会「大賞」を受賞。
- **鯛せんべい**　鴨川市の亀屋本店が作る、鯛の形を模した千葉銘菓の小麦煎餅。小麦粉、卵、砂糖で作った生地を鯛の型に流して焼き、鯛が踊っているように反りをつけて、片面には鱗に見立てて“けしの実”をふり、裏面は松風ふうに白色になっている。日蓮聖人の化身といわれる安房小湊の“鯛”に因んで作られた煎餅。

地　鶏

- **錦爽（きんそう）名古屋コーチン**　体重：雄2,500g、雌1,900g。名古屋コーチン同士の交配。名古屋コーチンの肉質は弾力に富み、よくしまって歯ごたえがあり、コクのある旨味が特徴。鶏肉の命である鮮度の良い商品を提供するために、消費地に近い関東周辺で飼育。平飼いで飼養期間は125日と長期。専用飼料に木酢液を添加。丸トポートリー食品が生産する。

銘柄鶏

- **総州古白鶏**　体重：雄平均3,200g、雌平均2,800g。総洲の澄んだ空気と水のもと、平飼いで天然成分を加えた飼料を給与。徹底した健康管理と衛生管理を行った健やかでヘルシーな鶏。くせのない旨味とまろやかなコク、弾力のある歯ごたえは、どんなメニューでもワンランク上の美味しさを演出できる。飼育期間は平均53日。白色コーニッシュの雄と白色プリマスロックの雌の交配。日鶏食産が生産する。
- **地養鳥**　体重：平均3,000g。平飼いで、飼料には炭焼きのときに発生する木酢液を主原料とした地養素を与えることにより、鶏肉特有の臭みがほとんどなく、シャキシャキとしてくせのない肉質。旨味とコクのあるまろやかな、鶏肉本来の味がする。白色コーニッシュの雄と白色プリマスロックの雌を交配。日鶏食産が生産する。
- **華味鳥**　体重：平均2,800g。平飼いで飼育期間は平均53日。特殊な天然飼料を与え、気になる鶏の臭みが少なく、鶏本来の味を引き出した肉質。白色コーニッシュの雄と白色プリマスロックの雌の交配。日鶏食産が生産する。
- **あじわい鶏**　体重：平均2,800g。平飼いで飼育期間は平均53日。甘味とコクが強く、鶏肉本来の美味しさを引き出した。白色コーニッシュの雄と白色プリマスロックの雌の交配。日鶏食産が生産する。
- **愛菜ハーブチキン**　体重：平均3,000g。専用飼料に抗酸化性がありコレステロール低下作用、臭い低減効果のあるハーブを加えて、まろやかな味、しゃきっとした歯ごたえが特長の鶏肉。平飼いで飼育期間は平均52日。白色コーニッシュの雄と白色ロックの雌の交配。ときめきファームが生産する。ときめきファームはハムソーセージ製造の米久のグループ会社なので衛生管理も徹底している。ISO22000取得工場。
- **水郷赤鶏**　体重：雄平均2,800g、雌平均2,300g。緑美しい自然と澄んだ水に恵まれた環境の中、平飼いで育てた。成長にはブロイラーより時間がかかるが、その分絶妙な食感とコクがある。肉もやわらかく仕上がっているので、和洋中どんな料理にも使える。木酢液を飼料に配合。ヘビーロードアイランドの雄と、ロードサセックスとロードアイランドレッドを交配した雌を掛け合わせた。飼養期間は70日。丸トポートリー食品が生産する。

たまご

- **地養卵**　飼料に地養素を添加して産まれた卵。地養素とは炭焼きのときに発生する木酢液を主原料とした物で、鶏のお腹の調子を整える。鶏が健康になり、卵のコクと甘みが増し、生卵の嫌な生臭さがなくなる。千葉の全国地養卵協会が生産、販売、流通に協力している。
- **天使のたまご**　鶏の健康と卵の安全のために専用飼料にネッカリッチを加えて産まれた卵。ネッカリッチとは、国産の常緑広葉樹から作った炭と木酢液を混合した国内で唯一農林水産省の許可を得た動物用医薬品。鶏の腸内の乳酸菌を増やし食中毒菌のサルモネラを排除する効果がある。シマダエッグが生産する。

その他の鶏

- **アローカナ（Araucanas）**　南米チリの原住民のアロウカナ族が飼っていた鶏で、1914年頃発見された。中型の鶏で、雄2,400g、雌1,900g。羽色は赤笹。最大の特徴は、卵殻色がうすい青緑色。千葉県畜産総合研究センターなどが地域ブランド化のための研究を行っている。

県鳥

ホオジロ、頬白（ホオジロ科）　英名は Siberian Meadow Bunting。全体的に褐色の羽色だが、目の上と頬の部分が白いので“頬白”とよばれる。

汁　物

汁物と地域の食文化

海に囲まれているため、海の幸に起因する郷土料理が多いが、南安房市の千倉には料理の神様を祀る「高家(たかべ)神社」(創設1620［元和6］年)が、日本の魚料理の伝統を守っている。このような海の幸に恵まれている地域には、魚介類を使った汁物が郷土料理として受け継がれている。また、同じ汁物でも各家庭で味付けや作り方に特徴があった。

千葉県を代表する魚の筆頭のイワシの料理や保存食は多い。肌寒い日の汁物にはイワシの「つみれ汁」(「つみ入れ」ともいわれている。イワシの団子の味噌汁や澄まし汁)がある。イワシの臭みを緩和するのにショウガ汁や味噌が使われる。鍋物の時期にはイワシ団子が鍋の具に使われることも多い。大手食品会社が加工する現代人の味覚に合うつみれが出回っているが、房総の家庭や漁師料理の店で食べる味は格別さを感じるだろう。

千葉県内の各地域には地産地消を守る会があり、地域の農業体験や地産地消に伴う料理の普及も広まっている。佐倉市の「食と農を守るための会」があり、佐倉市栄町に伝わる「なまずのひっこかし」の料理づくりを体験させている。この汁物は、トウガンを使ったあんかけ風の汁物である。

現在の船橋付近の漁師町は、江戸の「お菜浦(さいうら)」といわれ、イワシやサヨリの網漁業が盛んであった。明治時代から続けられているのり養殖で忙しく、「昼は梅干し、夜は菜っ葉汁」という質素な食事しかとれなかったようである。

汁物の種類と特色

房総地区ではイワシやサンマを使った多くの種類の郷土料理があるが、代表的郷土料理としての汁物には「イワシ団子のつみれ汁」(イワシのすり身汁)がある。寒い時に体が温まり、素朴な味わいで、銚子一帯の日常食でもある。

凡例　1世帯当たりの食塩・醤油・味噌購入量の出所は、総理府発行の2012年度「家計調査」とその20年前の1992年度の「家計調査」による千葉県の代表的農作物の落花生の原産地はブラジル・ペルー一帯といわれているが、日本へは宝永年間（1704～11）に中国から伝えられたものである。房総では1878（明治11）年頃から栽培が試みられている。印旛郡の郷土料理の「落花生のおつけ」は、水に浸しておいた落花生を翌日砕いて擦り、味噌汁に入れたものである。秋には大豆を水に浸し、すり鉢で擦り、水を加えて加熱して得た呉汁にネギやダイコンを入れ、味噌仕立てにした「呉汁」もある。

近年、千葉市内の鮮魚店でみかける「ホンビノスガイ」は、20年前に海水と一緒にアメリカの船で日本まで運ばれてしまい、そのまま東京湾に住み着いてしまったものである。アサリよりも大きい二枚貝で、アサリの代わりに吸物や酒蒸しに使われている人気の貝である。まだ、郷土料理としては認められていないが、千葉沿岸の特産の貝で、「ホンビスノガイの吸物」だけでなくその他の料理が千葉市限定で食べられている。

食塩・醤油・味噌の特徴

❶食塩

江戸時代から近代を通し、千葉県の行徳（現在の市川市行徳）は関東地方で最も大規模な製塩が行われていた。東京湾の海水、砂浜などの自然環境の汚染は製塩の条件に適さなくなり、現在では作っていない。江戸時代には、銚子も野田も醤油づくりに必要な食塩は、行徳の塩を使っていた。

❷醤油の特徴

銚子の醤油づくりは、江戸時代の初期に紀州の湯浅から、漁船で銚子に港に運ばれたことから始まる。利根川流域は、醤油の原料となる大豆や小麦の栽培に適し、行徳の塩も入手しやすく、麹の生育に適した気温であることが、銚子の醤油づくりを盛んにした。さらに、江戸への海運の道である利根川を利用し、後に関東地区一帯に銚子の醤油が広がった。

銚子の醤油は、千葉県の野田の濃口醤油へと展開し、野田の濃口醤油は関東を中心に普及したので、関東の醤油の特徴は濃口醤油となっている。現在も、千葉には大手の醤油醸造会社は数多くある。

❸味噌の特徴

千葉県には大手の味噌醸造会社はないが「手作り味噌」を特徴としている味噌は多い。「手作り長熟味噌」（露崎農園)、「こうじやの手作り味噌」

「三五八漬け用味噌」（藤巻商店）などがある。

1992年度・2012年度の食塩・醤油・味噌の購入量

▼千葉市の1世帯当たり食塩・醤油・味噌購入量（1992年度・2012年度）

年度	食塩（g）	醤油（mℓ）	味噌（g）
1992	2,777	9,883	9,903
2012	2,165	4,765	8,279

▼上記の1992年度購入量に対する2012年度購入量の割合（%）

食塩	醤油	味噌
78.0	48.2	83.6

2012年度の食塩、醤油、味噌の購入量は1992年度の購入量に比べ少なくなっているが、とくに醤油の購入量は半分以下になっている。このことは、自治体の健康関係部署や栄養や食生活改善の団体の減塩運動によるものと思われる。醤油の購入量の減少は、醤油の代わりに「だし醤油」を使い、醤油ベースの汁物料理を作らなくなったのではないかとも考えられる。

地域の主な食材と汁物

東京湾に面する漁港には、かつて江戸前といわれた魚介類の一部が水揚げされ、太平洋に面する漁港には近海の魚や磯に棲息する魚介類だけでなく、銚子沖を回遊する海の幸が水揚げされた。現在も古くからの房総地区の魚食文化を継承している。

古くは利根川を利用し、銚子や野田でつくった醤油を江戸へ運んだ。現在は、大消費地に近いことからさまざまな農作物を栽培し、さらには品種改良し、東京都の台所として重要なところとなっている。

温暖な房総南部では伝統野菜のナバナが春の味覚として賞味されている。地域の代表的野菜の大浦ゴボウは太さ30㎝、長さ1ｍの巨大なゴボウで、煮ると軟らかくなり、ダイコン、ひき肉、昆布との煮物がある。成田山新勝寺の精進料理のゴボウには、大浦ゴボウを使う。

主な食材

❶伝統野菜・地野菜

だるまえんどう、黒川系寒咲花菜（くろかわけいかんさきはなな）、早生一寸ソラマメ、房州中生（なかで）カリフラワー、坊主不知（ぼうずしらず）ネギ、はくらうり、大浦ゴボウ、陸（おか）ヒジキ（若芽ヒジキ）、トマト、キュウリ、カボチャ、ナス、シロウリ、ダイコン、ニンジン、カブ、ハクサイ、キャベツ、ナバナ、小松菜、ソラマメ

❷主な魚介類

イワシ、サンマ、サバ、スズキ、カツオ、キンメダイ、イセエビ、アワビ、サザエ、ヒジキ

主な汁物と材料（具材）

汁　物	野菜類	粉物、豆類	魚介類、その他
なまずのひっこかし	ダイコン、ゴボウ、ニンジン、ネギ		ナマズ、味噌仕立て
だんご汁	ワケギ、ニラ、小松菜		イワシ、味噌 / 醤油仕立て
落花生のおつけ	アブラナ、小松菜	落花生	味噌仕立て
呉汁	ダイコン、山東菜、ネギ	大豆（→呉）	味噌汁
イワシのつみれ汁	ショウガ、ネギ、山椒、フキノトウ、ハクサイ、ニンジン	片栗粉または小麦粉	味噌 / 醤油仕立て
銚子釣りキンメダイ粗汁	ニンジン、ダイコン		キンメダイの粗、だし汁、味噌仕立て
イセエビ汁	カイワレ、ネギ		イセエビ、白味噌仕立て

郷土料理としての主な汁物

太平洋に突き出ている房総半島は、利根川から九十九里浜、銚子、鴨川などにいたる。各地の漁港、富津・船橋など東京湾に面する各漁港に水揚げされる魚介類は種類が異なり、各地に自慢の郷土料理があるが、汁物は少ない。内陸部は小高い山と畑があり、コメや野菜を栽培している。全国で各自治体の研究機関が独自にコメの品種改良し、それぞれ自慢の銘柄も誕生しているが、千葉県も同様であり、各地域で郷土料理と同様に自慢している。

- **いわしのすり身汁**　いわしのだんご汁ともいわれる。イワシやサンマの水揚げ量が多い銚子一帯に伝えられている。寒い時に体が温まる素朴な

味わいがある。イワシの身は骨ごと叩き、ショウガ、山椒、フキノトウ、味噌（調味と臭みの緩和）を混ぜ、つなぎに小麦粉・かたくり粉・卵を加えてすり鉢ですり身を作り、団子を作る。ニンジン、ハクサイ、ネギを入れて煮立たせ、この中にすり身団子を入れて煮立てる。味付けは、醤油仕立ての澄まし汁でも味噌仕立てでもよい。

- **なまずのひっこかし**　印旛地域の冬の郷土料理で、昔から体に良いといわれているドジョウに食物繊維の多いダイコンやゴボウ、カロテンの多いニンジンなどと煮ることによって、栄養のバランスの良い汁物となっている。ドジョウを軟らかくなるまで煮て、胴の身を箸で挟んで落とす。この操作を「ひっこかし」といわれている。
- **落花生のおつけ**　「おつけ」は味噌汁に対する地元の呼び名。印旛郡八街地区の郷土料理。擦り潰した落花生に水を入れて加熱し、沸騰したら、小松菜かアブラナの刻んだものを入れる。冬の朝、「落花生のおつけ」をフウフウ吹きながらすすると、体が温まる。
- **呉汁**　呉汁は各地で作られている。印旛郡地区では、新しい大豆の収穫があった頃、大豆を一晩水に浸けてからすり鉢で擦り潰す。これに水を加え鍋に入れて、泡の立つまで加熱する。煮立ったら千六本切りに切ったダイコンを入れる。煮あがったら味噌を入れ、ネギや山東菜を入れる。同じ呉汁でも、地域によって使う材料が違うが、健康を考えたレシピである（呉汁は健康に良くても、原料が大豆なので大豆アレルギーのある人は飲用しないほうがよい）。
- **だんご汁**　イワシの水揚げ量が多い九十九里地区の郷土料理である。九十九里には、イワシを使った郷土料理や加工品が多い。普通、四季を通して背黒イワシや中羽イワシを使う。頭部、内臓を除いたイワシは水でよく洗い、水分を切った後の身肉は、味噌と合わせてすり鉢で擦る。大鍋の湯を煮立て、すり身を親指大に丸めて鍋に入れる。ワケギ、小松菜を入れて醤油で味を調える。手間はかかるが、だんごの中の骨が分からない状態なので、子供の健康づくりに良い汁物である。
- **キンメダイの粗汁**　房総のキンメダイは、伊豆下田のキンメダイと並んで、その美味しさの評価は高い。頭部を使った粗汁の目玉の回りにあるゼラチン質の食感は、キンメダイの好きな人にとっては、見逃せない味である。濃い目で甘めの醤油味でも味噌味でも美味しい。

- **イセエビ汁**　三重県の伊勢地方だけでなく、房総のイセエビの美味しさは知られている。地元の人だけが食べられるイセエビの味噌汁が「イセエビ汁」である。姿形の良いイセエビは、首都圏で高級料理の材料となるが、角や脚の折れたものが地元の人たちの郷土料理に使われる。すなわち、角や脚の折れたイセエビはぶつ切りにし、味噌汁の具とする。イセエビから出るだし汁の成分（グリシンやベタイン）がうま味を付加する一品である。

【コラム】いやしい魚から健康食品に

千葉県は、イワシの水揚げが多く、イワシを使った郷土料理も多い。鮮度がよければ、刺身、酢の物、つみれ、塩焼き、目刺しなどで食べられる。さんが、なめろう、ゴマ酢漬けなど郷土料理もある。室町時代の『猿源氏草紙』（さるげんじそうし）によると和泉式部はイワシが大変好きで、イワシを食べた。ある日、内緒でイワシを食べたところ、夫の藤原保昌に、「下賤な魚を食べた」とたしなめられ、これに対して式部は「イワシは美味しい魚」であることを歌で答えた話は有名である。当時は、賤しい魚であったイワシは、現代では、良質なたんぱく質を含み、心臓病の予防によいEPA、DHAを含むことから重要な健康食品であることが科学的に立証されている。

伝統調味料

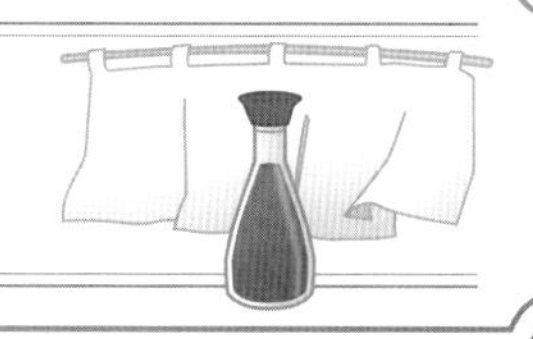

地域の特性

▼千葉市の１世帯当たりの調味料の購入量の変化

年　度	食塩（g）	醤油（ml）	味噌（g）	酢（ml）
1988	3,652	14,837	12,907	2,423
2000	2,279	8,186	7,456	2,064
2010	2,495	7,062	6,945	3,592

千葉県は、江戸時代から関東地方における醤油の生産地として有名である。なかでも野田地域と銚子地域は代表的生産地である。醤油づくりに必要な気候、原料、消費地に十分な水・土・環境であったことが、醤油の醸造が発達したといわれている。年間の気候が一定して湿度も高く麹カビの生育に適していること、醤油の原料である大豆や小麦の栽培にも適していること、醤油づくりに必要な食塩は、かつては江戸前の行徳塩の入手が容易であり、さらに関西で作った食塩は海路や利根川や江戸川の水路を経由して届くという交通の便利であること、出来上がった醤油は利根川、江戸川の高瀬舟で消費都市の江戸（現在の東京）へ運ぶことができた。

16世紀頃、野田で作り始めた醤油が、江戸へ運ばれたことは、江戸の料理の味付けや江戸の人々の味覚に大きな影響を及ぼした。兵庫県や和歌山県の醤づくりの影響を受けている銚子の醤油も野田とともに江戸に進出し、江戸の味覚に影響を与えた。

千葉県は、地形的には房総半島が注目される。房総半島の沖は黒潮が寄せる日本屈指の好漁場に恵まれ、イワシ・サンマ・サバ・カツオなど海の幸を生み出している。利根川流域は水田が拓け、北総の台地には麦・落花生・サツマイモなどの栽培が盛んである。これらの食材を利用した郷土料理は多い。南房総市には近海のクジラを対象とした小規模な捕鯨基地がある。南房総の郷土食の「クジラのたれ」は、江戸時代に房総沖で捕獲されたクジラの保存食として開発されたものであった。ツチクジラの赤身を薄くスライスし、醤油・みりんに漬け込み、干し板に並べて天日乾燥したものである。醤油の産地である銚子に近い地域であるからできた郷土食と思われる。

九十九里浜一帯は、イワシ料理が発達している。「いわしのさんが」「いわしのすり身汁」のような漁師料理には、味付けや汁の調味に醤油は必要であるが、ショウガ、ネギのような香辛野菜も必要となる。「さんが」には、生臭みを緩和するために香辛野菜のほか、味噌を加えている。千葉市の1世帯当たりの醤油や味噌の購入量が、埼玉県に比べるとやや多いのは魚介類を食べる機会が多く、その時に調味料として醤油や味噌を使うからとも思われる。

流山地区では江戸時代からみりんの製造が盛んである。みりんは焼酎に、蒸したもち米と麹を混ぜて糖化させて作る。蒲焼き、照り焼き、甘露煮、みりん干しには欠かせない調味料である。

知っておきたい郷土の調味料

醤油・味噌

千葉県が醤油の生産地となったのは、江戸時代初期に紀州の湯浅（今でも「湯浅醤油」は醤油の発祥地として知られている）から漁船で銚子に醤油が運ばれたことによると伝えられている。

- **千葉県の醤油・味噌の特徴**　銚子は気候温暖で醤油の原料の大豆・米・行徳塩の生産に適していること、麹の発酵作用に適した温度であるなど、醤油づくりのための立地条件が醤油に適していた。醤油工場は利根川に近いところにつくられたので、大消費地の江戸へ醤油を船で運ぶのに便利であった。野田の地域で醤油づくりが始められたのは、永禄元（1558）年であった。野田での本格的な醤油醸造は、寛永元（1624）年に、高梨兵左衛門が始めたといわれている。天明年間（1781～89）になると、高梨、茂木、その他の人々が集まって、醤油の生産が軌道にのり、江戸の需要に応じられるようになった。当時の醤油醸造家の高梨兵左衛門（キッコーマン）、茂木七左衛門（キッコーマン）、茂木左平治（キッコーマン）、第6代茂木七郎右衛門（野田醤油初代社長）、第2代茂木啓三郎（飯田勝治）たちは、江戸の人口増加とともに野田の醤油醸造を拡大し醤油が幕府御用達の指定を受けるほどに活躍した。後に、醤油醸造のほかに味噌醸造も始めた。明治20（1887）年に野田醤油組合が結成され、大正6（1917）年には茂木一族と高梨一族の8家合同による「野田醤油株式会社」が設立された。

野田の醤油は、濃口醤油とし関東各地を中心に普及していく。濃口醤油が普及した一因として、江戸の料理は醤油と砂糖で調味できる万能調味料の効能があったことがあげられている。兵庫県龍野を中心に発達した淡口醤油は野菜のうま味や色を生かす関西料理には適していた。野田・銚子の濃口醤油は千葉県独特の醤油として全国的に認められている。

- **県内の醤油・味噌会社**　千葉県には醤油・味噌の知名度のある会社が多い。キッコーマン、ヒゲタ（元和2［1616］年）、ヤマサ、キノエネ、宮醤油店（天保5［1834］年）、宝醤油などがある。小説やNHKの朝のドラマでとりあげられた「澪つくし」は、大きい会社ではないが、大豆・小麦・塩水の配合により、伝統的仕込み法で作り、「澪つくし醤油入正醤油」の名で販売している。露崎農園（露崎糀店、袖ヶ浦）は、君津産の米や大豆を原料とし、自家製糀を使って「手作り長熟味噌」を提供している。藤巻商店（印西市）は江戸時代から味噌を製造・販売していて、「こうじやの手作り味噌」「三五八漬け用味噌」を作っている。平甚酒店（香取郡）は味噌（田舎味噌）のほか奈良漬け用も製造している。窪田味噌醤油は「田舎みそ」「米こうじ味噌」の商品名で販売している。

みりん

- **流山のみりん（白みりん）**　利根川の水運を利用して発達した野田・銚子の醤油とともに、流山のみりんも発達した。利根川の流域の会社や住民は、穀物や塩などの原料の集荷や江戸への物質の出荷に便利であった。穀物を利用したものとして清酒・みりんも発達した。江戸時代のみりんは調味料としてよりも甘い酒として飲用されていた。

みりんは焼酎に蒸したもち米と麹を混ぜて糖化させ、上澄み液をろ過して作る。料理に使われるようになったのは、明治時代後期であった。醸造家が澄んだ「白みりん」の醸造に成功した。関西のみりんは赤色系であったので、千葉の特産品ともなった。みりんは、正月の屠蘇や白酒に用いられた。料理には甘味や光沢をつけるのに、現在でも使われている。

たれ・ソース

- **たれに欠かせないみりん**　みりんは日本料理の蒲焼き甘露煮、焼き鳥や焼肉には、甘味料としてあるいは照りをだすために欠かせない調味料である。
- **液体調味料**　流山市にある味泉(あじせん)という会社は、オーダーにより作る「ひしおみそ」、「デミグラソース」「カルビのたれ」「チリソース」「トマトガーリックソース」などを作っている。
- **ひしお**　銚子の名産品。大豆、小麦、麹、塩を混ぜて3年間発酵。つぶつぶが残っている。グルタミン酸が多い。そのままご飯のおかずにしても美味しい。マヨネーズやオリーブ油とまぜると、揚げ物やサラダのたれ（万能だれ）になる。

だし

千葉県は漁業基地が多く、サバ・サンマ・イワシ・アジなどの回遊魚などのほかに沿岸の魚、底魚の魚が水揚げされ、新鮮な魚介類料理および魚介類加工の材料には不自由しない。

- **関東の麺つゆとサバ節**　房総半島は魚介類加工場の多いところである。かつて、紀州から移ってきた漁民によりカツオ節の作り方を伝授されたと思われるが、鹿児島、四国、紀伊、静岡の漁港に水揚げされるカツオに比べると脂質含有量が多いので、節類の原料には適しなかったと推測している。カツオ節の原料となるカツオは脂質含有量が少ないほうが製造中や保存中に節の脂質の酸化が起こらなく、良質の節ができる。房総は、大消費地江戸（東京）に近く、利根川を利用できるので、地理的には物流の便利な地域であった。関東の麺つゆは、醤油・砂糖で調味するのでだしの味も調味料に負けないものでなければならなかった。房総沖で漁獲されたゴマサバは脂質含有量が少なく、煮熟・くん煙・乾燥・カビ付けの工程を経ることにより、サバのうま味の多いサバ節ができる。

  関東のそば店の麺つゆの作り方は、カツオ節やサバ節を長時間煮込んで得ただしを使う。関東の麺つゆは節類の風味よりもうま味のあるものに仕上げた。かつては、房総地区ではサバ節を作る工場があったが、現在は非常に少なくなっている。南房総市の千倉町、館山市、鴨川市で千葉ブランドの「房州産鰹節鯖」として製造・販売している。また、サバ節は削り節の「花カツオ」になるか、醤油会社が作る「だし醤油」「麺つゆ」の原料として利用されている。

食用油

- **芳香落花生油**　焙煎した落花生を搾って調製した香り高い油。ピーナッツから想像するこってり感はなく、サラリとして芳香がある。焼きナス、揚げ物のドレッシングによい（サミット製油）。
- **ごま油のラー油**　創業350余年の老舗製油メーカーの製品。ゴマ油をベースにしたラー油で、すりゴマ、トウガラシ、桂皮など8種類の香辛料が入っている。生シラス、ワカメのサラダの調味料として適している。

郷土料理と調味料

- **クジラのたれ**　この「タレ」は焼肉や焼き鳥にかけるタレとは違い、ツチクジラの赤身を薄く切り、醤油・みりんの漬け込み液で漬け込んでから乾燥したもの。房総沖で漁獲されるツチクジラは、千倉の魚市場で解体され、小さなブロックにして食品工場、料理店や家庭に販売し、各自が独自の手法で作る。南房総市、館山市地区の保存食である。
- **イワシのさんが**　銚子を中心として九十九里浜地区はイワシの水揚げが多い。この辺りの漁師料理の「イワシのさんが」は、イワシを丸ごとたたき、シソ・ショウガ・ネギ・砂糖・味噌を混ぜて、アワビの貝殻に詰め、経木に挟んだりして焼く。弾力と味噌の香ばしさが楽しめる郷土料理の一つである。

醤油

◆地域の特色

千葉県は房総半島にほぼ重なり、関東平野の東部に位置する。県北は下総台地とこれを囲む平坦な地形の低地からなっている。県南は上総丘陵、安房丘陵が山々を連ねて山岳地を形成し、複雑な地形面を構成している。下総台地は、上層に富士山の火山灰を起源とする関東ローム層が分布している。

千葉県は、東京大都市圏の一角を構成し、都道府県人口は全国6位、面積は28位である。国際線旅客数および貿易額日本一の成田国際空港やアジア地域有数の国際見本市会場である幕張メッセなどがあり、訪日観光客数は1位である。その他、日本三大貿易港の千葉港、日本三大漁港の銚子漁港、来場者数日本一のディズニーリゾート、南房総国定公園、水郷筑波国定公園などの観光都市やリゾート地がある。

三方を海に囲まれ、冬は暖かく夏が涼しい海洋性の温暖な気候で、特に南房総沿岸は、沖合いを流れる暖流（黒潮）の影響を受け、冬でもほとんど霜が降りない。降水量は夏季に多く、冬季は少ない。

農業産出額は、北海道、鹿児島、茨城に続き全国4位、県内漁港水揚金額全国8位と全国屈指の農林水産県でもある。ネギ、ホウレンソウ、ダイコン、ニンジン、マッシュルーム、ラッカセイなどは全国1位であり、首都圏に出荷されている。

◆発酵の歴史と文化

銚子で醤油醸造が発展したのは、原料の大豆、小麦が入手しやすい位置にあり、大消費地である江戸の町へ利根川、江戸川の水運を利用して醤油を運ぶことができたからである。

溜り醤油の製造は鎌倉時代、紀州（和歌山県）の興国寺の覚心が湯浅で始めたとされている。1603（慶長8）年に江戸幕府が開かれ、商業の中心が京都や大坂から江戸に移っていくと、1616（元和2）年には紀州出身の崎山次郎右衛門が銚子外川港を作って大成功を収めた。醤油発祥の地、紀州の広村出身の濱口儀兵衛が1645（正保2）年に紀州から銚子に渡り、ヤマサ醤油を創業した。1697（元禄10）年には、ヒゲタ醤油の始祖となる田中玄蕃が原料に大豆を加えて小麦を配合するなどして製法を改良し、現在の濃（こい）口（くち）醤油の醸造法を確立した。江戸の町人に関西と違って薄味ではなく甘辛い濃い醤油が好まれ、1770（明和7）年頃には銚子などで造られた濃口醤油が上方からの下りものを凌駕するようになった。

野田で製造しているキッコーマンの原点は、1661（寛文元）年に上花輪村名主19代高梨兵左衛門が野田で始めた醤油醸造とされる。豊富な水資源と大豆や小麦に恵まれた同地域は醤油の産地として栄え、多くの醸造家が誕生した。1917（大正6）年に野田の茂木6家、高梨家、流山の堀切家の8家が合同で「野田醤油株式会社」を設立した。もともとはライバル関係であった各家だが、大正時代の不況の中、経営の近代化を進め、新しい時代の醤油メーカーとして発足した。この8家合同にあたって商標が「キッコーマン」に統一された。

◆主な発酵食品

醤油　国内醤油出荷量の約30％を占める国内最大の醤油産地である。キッコーマン（野田市）、キノエネ醤油（野田市）、ヤマサ醤油（銚子市）、ヒゲタ醤油（銚子市）と、大手メーカーがある。その他、木桶仕込みを続けている蔵元としては宮醤油店（富津市）、小倉醤油（銚子市）、タイヘイ（匝瑳市）などがある。

1985（昭和60）年に放映されたNHK朝の連続テレビ小説『澪つくし』（醤油醸造家を舞台にした純愛ドラマ、関東地区視聴率55％を記録した大ヒット作品）の撮影が行われた入正（いりしょう）醤油（香取郡）では、「澪つくし」という醤油が販売されている。

味噌　木桶仕込みによる味噌を製造しているヤマニ味噌（佐倉市）、金山寺味噌や田楽味噌などさまざまな味噌製品を製造している小川屋味噌店（東金市）、味噌や麹をはじめ、甘酒や三五八漬けの素および味噌漬けの販売をしている藤巻商店（印西市）などがある。その他、後藤糀店（成田市）、藤平由治商店（長生郡）、藤屋（大網白里市）では、味噌のほか麹も製造販売している。

日本酒

県内に37の製造場があり、都道府県別生産量は6270kℓで全国15位（2018（平成30）年）である。

千葉県は醤油の産地の印象が強いが、日本酒造りもまた長い歴史をもつ。良質の米や水を生み出す自然豊かな土地であり、江戸への輸送が容易にできる距離であったことから、江戸へ酒を送るために多くの酒蔵があった。江戸時代に日本地図を完成させた伊能忠敬の実家も造り酒屋であった。伊能忠敬記念館（香取市）の側に旧宅が残っている。

南総地区には、天然の乳酸菌を用いて高温で酒母を仕込む「高温山廃酛」で有名な木戸泉酒造（いすみ市）のほか亀田酒造（鴨川市）、吉野酒造（勝浦市）などが、水郷地区には300年以上の歴史をもち無農薬、無添加、生酛（きもと）造りなどによる酒造りを特徴とする寺田本家（神崎町）のほか東薫酒造（香取市）が、上総地区には1866（慶応2）年創業の宮崎酒造店（君津市）が、北総地区には300年以上の歴史をもつ飯沼本家（酒々井町）などがある。

焼酎

日本一おいしいといわれる八街町近郊で栽培されたラッカセイを原料に造られた落花生焼酎「ぼっち」が市販されている。「ぼっち」という名は、収穫したラッカセイを積んだものであり、ほのかな甘さとほんのりラッカセイの香りがするのが特徴である。

ビール

サッポロビール千葉工場（船橋市）は、東京湾を望むビール工場として関東エリアに出荷される主力製品の黒ラベルの製造を行っている。

クラフトビールでは、幕張ブルワリー（千葉市）、柏麦酒（柏市）、舞浜地ビール工房（浦安市）などがある。

白みりん

流山本町は、白みりんの発祥の地と呼ばれる。1814（文化11）年、酒造りを営んでいた相模屋の堀切紋次郎は、きれいに澄んだ白みりんの醸造に成功した。それまでのみりんは色の濃い「赤みりん」だったが、「白みりん」は甘くて飲みやすいことから江戸市中で人気となり、その評判は京都、大坂へと広がった。現在、キッコーマンが「万上味淋」として受け継いで製造している。

みりんの全国生産量は8万7037kℓであり、トップは千葉県の3万6393kℓで、シェアは41.8％となっている。2位は兵庫県で11.3％、3位は愛知県で9.0％のシェアとなっている。

鉄砲漬け　千葉県北東部で作られている塩抜きしたウリを醤油などの調味液に漬け込んだものである。伝統的なものはウリにトウガラシを挟んだものであるが、菜の花を挟んだものなどもある。変わったものとしては、タケノコの中にトウガラシを挟んだタケノコの鉄砲漬けも売られている。

ラッキョウ甘酢漬け　古くからラッキョウ栽培が盛んであり、甘酢に漬けた大粒のラッキョウで歯ごたえがよいのが特徴である。醤油漬けや蜂蜜、レモンで仕上げたものも人気がある。

小ナスの麹漬け　小ナスを丸ごと米麹の漬床で漬けたもので、キリッとした塩味の中にも麹の旨みが効いている。

豆造(とうぞ)　大豆の煮豆の汁に、納豆または煮豆、米麹、塩を入れて1カ月熟成させた発酵食品である。各家庭で味噌を手づくりしていたときには、大豆を長時間煮た煮汁で作られていた。

◆発酵食品を使った郷土料理など

するもん汁　鍋にダイコン、ニンジン、豆腐を入れて煮て、つみれを一口大にすくって入れ、醤油などで味を調える。房総半島沿岸部の郷土料理である。

ぬれ煎餅　銚子市発祥の、しっとりとした歯ざわりと濃厚な醤油味の煎餅である。

落花生味噌　国内のラッカセイ流通量は全体の9割が輸入で、国内産は約1割程度であり、国内産の約8割が千葉県で生産されている。ラッカセイには脂肪、タンパク質などが豊富に含まれているため、保存食として落花生味噌が親しまれてきた。ラッカセイの香ばしさと味噌の味がよく合い、ご飯のおかずやお茶請けとして人気がある。作り方は、フライパンに油をひいて、こがさないように弱火で15〜20分くらいラッカセイを煎り、砂糖、味噌を入れ、マメになじんだら日本酒を入れてでき上がりである。

◆特色のある発酵文化

道の駅 発酵の里こうざき　道の駅とは、1993（平成5）年に開始された道路利用者のための休憩機能をもつ施設であり、地域の人々の情報発信機能や地域の町同士が連携する機能もあわせもつ。国土交通省に登録された数は、2019（令和元）年時点で1160カ所ある。「道の駅 発酵の里こうざき」は、香取郡神崎町にある道の駅である。良質な地下水と早場米の産地としておいしいお米が穫れたことから、古くから日本酒、味噌、醤油などの発酵食品の生産が盛んで、現在でも創業から300年を超える酒蔵などがある。それらを含む発酵食品の展示販売施設である発酵市場が中核となっており、レストランではサバの味噌煮や豚肉の味噌麹焼きなどの発酵食品を使った定食が提供されている。

◆発酵にかかわる神社仏閣・祭り

鵜羽（うば）神社（長生郡）　鵜茅葺不合命（うがやふきあえずのみこと）を祀る神社である。毎年9月10日には、鵜茅葺不合命が鵜羽神社より神輿に乗って、玉前神社の玉依姫命（たまよりひめのみこと）を訪ね1年に一度の逢瀬の契りを結ぶという神事が執り行われる。これに先立つ9月8日には御漱祭（おみすりさい）が行われ、乳の代わりに鵜茅葺不合命を育てたと伝えられる甘酒が参拝者に振る舞われる。

高家（たかべ）神社（南房総市）　「料理の祖神」を祀る神社として料理関係者や醤油醸造業者などから崇敬されている。銚子市のヒゲタ醤油工場内に醤油醸造の守護神として高家神社の分霊が祀られている。

◆発酵関連の博物館・美術館

上花輪歴史館（野田市）　上花輪村の名主であり、また醤油醸造を家業としていた高梨兵左衛門家が、永年にわたって保存してきた歴史的価値の高い居宅、庭園、土蔵、屋敷林、社祠などと、その中に収蔵されていた資料などを一般公開するために1994（平成6）年に開設されたものである。邸内の建築物は、1766（明和3）年築の門長屋から1931（昭和6）年築の母屋に至るまで、18～20世紀初頭にかけての建物がみられる。展示棟には醤油に関する醸造用具、醸造文書などの資料などが展示されており、当時の生活文化を知ることができる。学術上の価値が高いことから2001（平成13）年に県内で初めての国の「名勝」に指定された。

キッコーマンもの知りしょうゆ館（野田市）　醤油のすべてがわかる博物館であり、「醤油ができるまで」を見学しながら、醪（もろみ）熟成の様子や醤油の色、味、香りなどが体験できる。

ヒゲタ史料館（銚子市） 醤油造りに使われた、昔の仕込桶、樽造りの道具類（大カンナ、オノ、ノミ、木槌など）、麹ぶた、カイ棒などが展示されている。

ヤマサ醤油 しょうゆ味わい体験館（銚子市） ヤマサ醤油の創業者初代濱口儀兵衛が紀州（和歌山県）湯浅の醤油造りを銚子に伝え発展させた歴史や、昔の醤油造りに使用した道具などが展示されている。

◆発酵関連の研究をしている大学・研究所

千葉大学理学部生物学科 酵母などを使った基礎的な研究がなされている。

野田産業科学研究所 1942（昭和17）年、野田醤油（現キッコーマン）からの基金をもとに、「発酵化学に関する研究を行い、もって科学、技術、および文化の発展に寄与する」ことを目的として、野田に設立された。醤油醸造に重要な麹菌や乳酸菌などの研究を行っている。

コラム　醤油屋が津波から人の命を救った話、「稲むらの火」

ヤマサ醤油の創業者は紀州の有田郡広村（現在の和歌山県広川町）の出身である。房総半島には白浜、勝浦という紀伊半島にある地名と同じ地名があるが、いずれも紀州白浜、紀州勝浦からの移住者が故郷と同じ地名をつけたものである。7代目の当主であった濱口梧陵は、1854（安政元）年、故郷の紀州において安政南海地震に遭遇した。強い揺れを感じて海岸に出てみると、海水が今まで見たこともないほど沖の方まで引いており、井戸の水位も急激に下がっていることに気付いた。津波の襲来をいち早く察した梧陵は、何としてもこの緊急事態を村人に知らせなくてはと思った。梧陵は機転を利かせて、刈り取って田んぼに積み上げてあったイネの束に火をつけ村人を高台に誘導し、大勢の村人の命を救った。この話は戦前の国定教科書に「稲むらの火」というタイトルで掲載され、今でも一部の教科書で紹介されている。「稲むらの火」の津波があった11月5日は2011（平成23）年に「津波防災の日」と定められた。

都道府県トップ10　醤油生産量

生産量トップは千葉県の23万7151kℓで、全国計63万9216kℓの37.1％を占める。2位は兵庫県（11万746kℓ、シェア17.8％）、3位は群馬県（4万2398kℓ、同6.6％）、以下4位愛知県、5位香川県、6位大分県、7位福岡県、8位青森県、9位北海道、10位三重県である（2019（平成31）年しょうゆ情報センター醤油の統計資料より作成）。

和菓子／郷土菓子

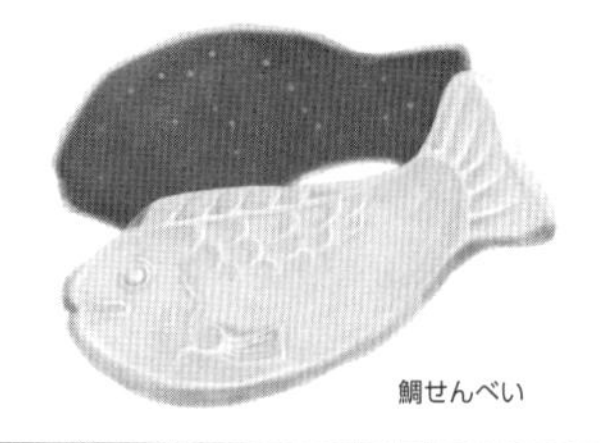
鯛せんべい

地域の特性

千葉県は関東地方の南東部、東京都の東側に位置し、太平洋に突き出した房総半島がほぼ県域である。県北は関東平野の一部で、利根川や江戸川沿いの低地と下総台地からなっている。房総半島も中央部は丘陵地帯だが、県内には海抜500m以上の高地がないという特殊性があり、広大な可住地と長大な海岸線を併せ持っている。

千葉県は古く安房（あわ）、上総（かずさ）、下総（しもうさ）3国からなっていた。古代に阿波国から人が渡り住み、良質な麻がとれたところを総（麻の古語）の国とした。都に近い順に上総、下総とし、安房は阿波の国に由来している。

気候は海洋性で温暖。冬暖かく夏は涼しい。房総沖には黒潮が流れ南房総は冬でもほとんど霜が降りない。

東京湾沿岸には広大な埋め立て地が広がり、東京ディズニーランドや石油化学コンビナート、製鉄所が林立する京葉工業地域がある。農漁業も盛んで、落花生日本一の生産地である。

地域の歴史・文化とお菓子

①銚子の醤油と「ぬれ煎餅」

銚子は利根川河口の町で、沖合では黒潮と親潮がぶつかる好漁場の漁民の町である。醤油が最初に造られたのは1616（元和2）年、土地の豪農田中玄蕃による。次いで1700（元禄10）年紀州より移住した溝口義兵衛の2軒で、銚子の醤油造りが発展した。

この地が醤油醸造に適していたのは、関東平野の良質な大豆（常陸）、小麦（下総、武蔵）、塩（行徳）が江戸川と利根川の水運によって入手できたこと。さらにこの水運を利用し、醤油を江戸市中に移送できたことであった。江戸後期には醤油業者が20軒もあり、現在も我が国5大メーカー中ヒゲタ醤油・ヤマサ醤油の2社がある。

②「ぬれ煎餅」誕生秘話

銚子は醤油とともに米の産地で、古くから煎餅が作られていた。市内の米菓店柏屋２代目横山芳巳は1960（昭和35）年頃、醤油だれをつけたままのぬれ煎餅を「おまけ」として配っていたが、評判がよく1963（昭和38）年に商品名を「ぬれせん」として売り出し人気を博した。

平成に入り各企業も製造を開始した。廃線寸前だった銚子電鉄を、大手米菓会社が「銚電のぬれ煎餅」として商品化し、ぬれ煎餅ブームを起こして銚電を救い、ぬれ煎餅を銚子名物として普及させた。

③野田の醤油と羊羹

野田地方は、県の北西部にある。利根川（東）と江戸川（西）に挟まれ江戸期には水運に恵まれ、この地で醤油造りが開始されたのは1661（寛文元）年で、高梨兵左衛門家による。その後茂木七左衛門家が加わり19軒が醤油づくりとなった。

野田は銚子同様に原料が入手しやすく、かつ江戸に近いことから幕末には銚子を抜いて関東一の醤油産地となった。「世界の調味料・キッコーマン」は野田醤油で、野田は我が国１位の醤油産地となった。

この野田の醤油を菓子にと、生まれたのが「醤油羊羹　御用蔵」である。喜久屋菓子店２代目石塚次生（つぎお）の考案で、試行錯誤の末、白餡の羊羹に野田の最高級の醤油を香りづけに入れた。現代の菓子ながら郷土の特色を生かした逸品である。

行事とお菓子

①「紐解き（ひもとき）」の汁粉振舞い

「紐解き」は11月15日頃に行う九十九里地方の行事で、「七五三」に通じ、７歳になると男女とも「紐解き子の祝い」といって、お汁粉をたくさん作って隣近所の大人も子供もよんで振る舞った。紐解き子が長男長女の場合、昔は婚礼のように招待者にお膳や折詰を用意した。この儀式は幼い子の着物の付け紐を取り、初めて帯を結ぶ儀式で、県内には古くからあり、現在も「七五三行事」として盛大に行われている。

②田植えの「焼き米」

苗代に播いた種籾の残りを乾燥させ、焙烙（ほうろく）等で炒り、冷めてから臼で搗いて籾殻を除くと焼き米ができる。砂糖をまぶしたり、砂糖醤油をからめて食べる。田植えのおやつになった。

③祝儀、不祝儀の「重箱ぼた餅」

船橋市飯山満のぼた餅は握らず重箱に詰める。お祝いには重箱の底に餡を敷きつめ、潰したもちご飯、さらに餡の３層で、不祝儀には底に餡のない２層仕立て。食べるときは人数分に取り分ける。握らないぼた餅は、栃木、茨城県内にもある。

知っておきたい郷土のお菓子

- **鯛せんべい**（南房総一帯）　日蓮上人誕生３奇瑞の１つ「鯛の浦」伝説に因んだ鯛型の堅めの瓦煎餅。芥子の実は鱗、独得の曲がりは跳ねるタイをイメージしている。日本３大朝市の「勝浦」では、お母さんの手づくりの鯛せんべいが売られている。
- **初夢漬け**（匝瑳市）　鶴泉堂は1781（天明元）年創業の老舗。「初夢漬け」は、正月には欠かせない縁起のよい茄子の砂糖漬けで創業時から作っている。秋茄子をさっと茹でて皮をむき、灰汁抜きをしてシロップで煮込む。これらの工程を何度も繰り返し、茄子の水分が抜け、芯まで糖蜜がしみ込むまで約１カ月くらい漬けこむ。その後たっぷりの上白糖をまぶして出来上がる。菓銘は初夢の１富士２鷹３茄子に因んでいる。
- **落花生煎餅**（匝瑳市）　坂本総本店は江戸末期の創業である。1911（明治44）年、大正天皇が皇太子として旧八日市場の当地方を行啓された際、特産の落花生を使った菓子を献上しようと創製された。落花生を細かく刻んで小麦粉生地に加え、鉄板に流して焼いた煎餅で、すり蜜を両面に塗った風味のよい名品である。
- **びわ羊羹**（南房総市）　南無谷は房州びわの産地で、長崎の茂木びわと並び称される。びわ羊羹は初夏に収穫したびわを、砂糖と一緒に煮詰めジャム状にし、白餡に練り込んだもの。金木清兵衛商店は明治末の創業以来びわ羊羹を作り続け、房州土産として定着させた。
- **後藤のだんご**（成田市）　後藤屋は成田山新勝寺の門前に、1845（弘化２）年に創業した。だんごの材料の米粉は、上質米を仕入れ自家製粉して作る。甘辛い醤油だれにもこだわり、「後藤のだんご」とよばれ親しまれている。
- **米屋の栗羊羹**（成田市）　羊羹で知られる米屋は、最初成田山新勝寺の門前町で米穀を扱う米屋であった。創業者の諸岡長蔵が新勝寺の精進料理の栗むし羊羹をヒントに、最初の「栗羊羹」を創製した。以来100有余年、成田山土産として知られている。店舗の裏手に「成田羊羹資料館」がある。

乾物 / 干物

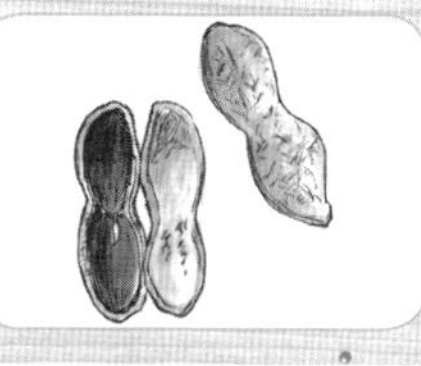
落花生

地域特性

東京都の東方に位置し、房総半島、関東平野の南部にまたがる。千葉市を県庁に持つ。東京都に隣接することから、東京湾の埋立て地は多くの住宅地として盛んに開発され、朝夕の人口は通勤・通学人口と大きな差がある。また、平野と丘陵が大半を占め、海抜500m 以上の山地がなく、房総半島太平洋側（外房）、東京湾側（内房）に続く長大な海岸線は暖流の恩恵から銚子港、九十九里海岸、館山、鴨川と多くの港を有している。また、歴史的には房総三国、 上総の国、安房の国、下総の国から成り立ち、鎌倉時代から多くの武将も誕生している。

近年は成田空港、東京ディズニーランドなど観光県として、農業、工業とあわせ、大きく発展している。

知っておきたい乾物 / 干物とその加工品

落花生　原産地は南米で、日本では明治以降に栽培されるようになり、生産量、生産面積ともに千葉県八街町が日本一である。八街町は火山灰土で水はけがよく、土壌が栽培に適することから、盛んになっている。

落花生は主に黄色の花が咲いた後、花の基にある子房柄と呼ばれる柄が地面に向かって伸び、子房柄の先に実が付き始め、成長するとさやができて中に新しい実ができる。落花生は花が落ちて実となることからその名前が付いたと思われる。乾燥には強いが、夏場に雨が少ないと成長が止まるので、水やりが重要となる。

光合成により甘味を増すが、風味・香ばしさなどとのバランスが大事である。また、ポリフェノール、抗酸化作用があって栄養価も高い。最近は多くの品種改良がなされ、「千葉半立」「ナカユタカ」「郷の里」などがあるが、中でも「おおまさり」はショ糖が1.5倍もあり人気である。

収穫後の乾燥はボッチ積み（坊さんの法衣に似ている）という野積みをして約1か月くらいしたら火力乾燥して調整する。殻から取り出す技は豆の頭の部分のくちばしといわれるところを押すとよい。

割菜（わりな）

サトイモ科の多年草で、里芋の葉柄（茎）を乾燥させたもの。千葉県のほか新潟県、福島県などでも冬場の乾燥野菜として需要が多い。葉柄の表皮をむかずそのまま荒縄で縛って軒先などに乾燥させたものであるが、皮をむいて乾燥するやり方もある。

房州ひじき

春の風物詩ともいわれる房州ひじきは、毎年春の大潮の時期の10日間ほどしか刈り込みを行わない。金谷海岸から鴨川市の沿岸で採取される房州ひじきは太くてうま味がたっぷり詰まっている。地域の漁師が200人ほど総出で一気に刈り取っていく。

そのままでは食べられないので、刈り取って蒸す加工が行われる。苦みを抜き、うま味を引き立たせる職人技がある。

ひじきは「波食棚」という平らに広がる岩場で干潮時に露出し満潮時に隠れながら育ち、日光をたくさん受け、光合成してうま味の元となる「アミノ酸」が生み出される。ひじきにはもともと紫外線から身を守る成分「タンニン」が含まれている。100℃を超える蒸気の熱で蒸すことでタンニンが溶け出してくる。

カルシウム、ミネラルを含み、アミノ酸が残るので、本来のひじきのうま味が引き立つ。

青口煮干し

カタクチイワシで作った煮干しは捕れた場所によって種類分けなどされるが、中でも、背中が青く、黒味がかったカタクチイワシは、「背黒」とも呼ばれ、魚質がしっかりしており、肉繊維も密である。コクがあり、風味の強いだしが取れることから、関東では大変人気が高い。特に千葉県九十九里産が最高級とされている。漁期は12月から2月ごろで、冬の海岸線で乾燥させている風景が美しい。

さつま芋でんぷん（さつま芋澱粉）

かんしょ（さつま芋）はヒルガオ科に属する植物で、原産国はメキシコを中心とする中央アメリカとされている。日本には1597年に宮古島で導入されたほか、1700年代から九州地方旧薩摩藩で餅とり粉、かねんこ汁（だんご汁）など郷土料理にも使われている。また、さつま芋は食糧不足の時代から江戸時代の中期、8代将軍徳川吉宗のときに、蘭学者の青木昆陽らによって全国的に普及された話は有名である。

1836（天保7）年､江戸時代のさつま芋の栽培の地でもある下総の国（千葉県）で、でんぷんの製造が始まったといわれている。その後、鹿児島県や九州各地などでも盛んになるが、生産量はわずかである。

現在の日本における生産量はでんぷん全体の2%にも満たない量で、さつま芋からでんぷんを取り出し、熱加工して麦芽糖を形成し、水あめや糖化原料として使われている。また春雨や韓国冷麺などに練り込まれている。

手入れ海苔

江戸前海苔は千葉県の海苔の呼び名で、主に船橋から木更津海岸での養殖は、色、味、香りのすべてにおいて全国で高い評価を受けている。千葉海苔は江戸前の伝統を受け継ぐ海苔である。11月の下旬から採取される。最初に摘み採られる海苔は、「網に手が入る」という意味から「手入れ海苔」と呼ばれている。一番摘みの海苔は、風味と柔らかさから高級品として贈答用などに多く使われ、光沢のある黒は口の中で溶けるようである。

金田産一番摘みあま海苔

江戸時代に生まれた海苔養殖法「支柱柵」で育てた黒あま海苔である。木更津金田海岸の盤洲干潟で育てる海苔は、日光をたくさん浴びると共に、海水からミネラル分など栄養素を吸収する。まろやかで深い味わいの海苔は歯切れもよく、色味、香りすべてにおいて人気がある。

一番摘み青飛び海苔

千葉県側の東京湾で生産量が一番多く、養殖技術も高く、品質も最も安定している。新富津漁業組合は千葉県を代表する海苔組合である。11～12月ごろに青海苔が混ざって生育した黒海苔は、希少な海苔である。青海苔が引き立つ香りは、ほろ苦さとマッチした高級品である。

一番摘みの柔らかさと青海苔の香りが映えるように焼き上げた海苔は逸品。昔は漁師の自家用であったが、その味と香りが認められるようになり、現在は期間限定で市販されている。

巾海苔（はばのり）

カヤモリ科の一年草の褐藻類。千葉県以西で採れ、名前の通り幅が広く薄い葉はざらざらしている。千葉県、神奈川県、鳥取県、島根県などでは、冬に岩礁へ着床した葉を摘んで薄くすいて干し、自家製の海苔とする。香りがよく、南房総では正月の雑煮に欠かせない存在である。海洋汚染などから収穫量が少なく、いまは貴重な珍味である。

Column：千葉県産海苔の特徴

海苔の産地としては古く、歴史もあり、生産されたものは色、味、香りがよく、特に香りは他産地にはない特徴がある。関東地方を中心に流通し、上級品は贈答用、江戸前寿司用として人気が高く、中級品は全形焼き海苔、きざみ海苔などに使用されている。

Ⅲ

営みの文化編

伝統行事

成田山の節分会

地域の特徴

千葉県は、関東地方の南部に位置する。北の利根川、北西の江戸川が他県との境をなし、太平洋に突き出た房総半島が東京湾を抱え込む。北部に下総台地、半島南部に房総丘陵が広がり、その東の九十九里や東京湾岸は平地となっている。南房総は冬でも温暖である。古くは、良質の麻（総＝そう）がよく生育する土地であることにちなんで、「総の国」と呼ばれた。

低湿な平野や低地では水田も開かれたが、火山灰の堆積した関東ローム層からなる下総台地では水の確保が困難で、かつては「水なしの国」と呼ばれた。そこで、上総掘りといわれる井戸掘りの技術が生まれた。

沿岸を黒潮が流れ、漁業も盛んであった。紀州から伝えられた地曳網漁により、イワシの漁獲が急増したほか、江戸湾では海苔の養殖も行なわれた。大消費地である江戸に食糧などを供給する水運も活発で、かつては「江戸の台所」ともいわれた。現在も「首都圏の台所」として、野菜の生産額は、全国で一、二位を争う大生産地となっている。

県の西北部一帯は、東京のベッドタウンとして開かれており、「首都市民」の意識が強い。

行事・祭礼と芸能の特色

とくに、東京から離れた房総半島南部や東部に伝統的な文化様式がみられる。行事・祭礼では、南房総市の白間津オオマチ（大祭）行事・館山市茂名の里芋祭など。とくに、山武郡横光町の鬼来迎は、全国的にも類のない仏教芸能である。旧盆の8月16日に広済寺で演じられる。地獄を舞台とし、死者が閻魔大王の裁きを受け鬼たちの責め苦にあうものの菩薩によって救われるという内容で、全7段からなる。昭和51（1976）年に第1回国の重要無形民俗文化財の指定を受けた。

ささら踊・花踊（南房総市）、洲崎踊（館山市）など、踊りが盛んなところでもある。

主な行事・祭礼・芸能

にらめっこおびしゃ

おびしゃとは、「奉射」「歩射」の字があてられるように、年のはじめに的に矢を射て、それによりその年の豊凶を占うというのが一般的である。だが、その土地土地によって神事の内容が変化したものもあり、この「にらめっこおびしゃ」もそのひとつである。矢を射ることはなく、2人ずつにらみ合いながら酒を飲み、笑うと大盃を飲み干さなくてはならないことから、その名がついたといわれる。ここでは、年頭の豊作祈願と初寄り合いの意味合いが強い。

現在は、1月20日に駒形大神社（市川市）で行なわれるが、戦前（昭和20年以前）は、1月19日・20日の2日間にわたって行なわれていた。その歴史は古く、すでに安政6（1859）年の記録にも残る。その記録の内容をもとに、駒形大神社お奉謝保存会によって継承されている。

1月20日の早朝から、氏子は、注連縄（しめなわ）や飾りものをつくり、3臼の餅を搗（つ）く。1臼目は、煎餅（せんべい）といい、供物（くもつ）の下に敷く経5寸（約15センチ）の薄い円形をつくる。2臼目は、烏帽子（えぼし）型・擬宝珠（ぎぼし）型・皿頭型の3つの兜（かぶと）の供物をつくる。3臼目は、餅ぶっつけに使う餅。餅ぶっつけは、餅を小さくちぎって皆が投げ合うというもの。餅が当たると、今年の厄を払い、風邪もひかない、とされている。

次いで、いよいよにらめっこが始まる。裃（かみしも）姿の行司役の前に2人の2組が向かい合う。行司が口上を述べ、2人の大盃に酒が注がれるが、盃が大きすぎるとの断りが出て、行司は袂（たもと）から小さな盃を取り出す。それに酒を注ぎ、にらめっこが始まる。盃を手に持ったまま、にらめっこ。周囲の人たちは、冗談などいって何とか笑わそうとする。どちらかが笑いだすまでにらみあい、どちらかが笑うと、行司が「不敬者！」と一喝する。そして、こんどは両者とも大盃に酒が注がれ、それを飲み干さなければならない。8組が二手に分かれて行なうが、とくに勝敗は争わない。にらめっこは何度も繰り返されて千秋楽を迎えるのである。

成田山の節分会（せつぶんえ）

成田山新勝寺で毎年2月3日の節分に行なわれる豆まき。節分とは、立春・立夏・立秋・立冬の前日のことで、季節の移り変わりの節目である。年に4回あるが、春のそれがとくに重要視されてきた。

春の節分の豆まき行事を、古くは「追儺（ついな）」とか「鬼儺（おにやらい）」といった。追儺とは、すべての難を払うという意味である。

成田山新勝寺では、とくに盛大に「追儺豆まき式」が行なわれる。境内に全長200メートルの舞台を設け、中央には日本一の大きさを誇る「千升大福枡（ます）」を設置する。参加者は、古式にのっとり裃を着用。まず本堂で護摩法要（ごまほうよう）に参列し、本尊（ほんぞん）不動明王の宝前で開運厄除け祈願をする。その後、特設の舞台に移動して豆まきを行なうのである。

そこでのかけ声は、「福は内～！　福は内～！　福は内～！」。不動明王のもとには鬼はいないということから、「鬼は外」とはいわない。

本来は厳粛な行事であるが、昨今は、大相撲力士や大河ドラマの出演者などを招いて行なうようになり、イベント化もしている。

香取神宮の祭礼

香取神宮（佐原市）には、例祭のほかに、御田植祭、神幸祭、大饗（だいきょう）祭などの祭礼がある。

例祭　4月14日に執り行なわれる。香取神宮は皇室から特別の崇敬をいただく勅祭（ちょくさい）社のひとつであり、6年に一度（子年・午年）は、例祭に勅使の参向がある。例祭では、巫女（みこ）が悠久の舞を奉納、また、小学生による鼓笛隊の演奏も奉納される。また、久保木社中による献花、小堀遠州流による献茶なども行なわれる。

御田植祭　例年4月の第1土曜日とその翌日の2日間行なわれる（以前は、5月5日・6日に行なわれた）が、午年の式年祭だけは日曜日の1日だけ催行される。三大御田植祭ともいわれ、住吉大社（大阪市）、伊雑宮（いざわのみや）（伊勢市）とともに広く親しまれている。すでに、明徳2（1391）年の史料にはその名が記載されているので、それ以前から行なわれていたことが明らかである。

1日目の行事を耕田式という。拝殿の前庭に忌竹（いみだけ）と花傘を立て、そこへ、苗長を先頭に、五色絹に彩られた牛（模型）を牽（ひ）く牛方、その後ろから緋の袴（はかま）をつけ鎌を手にした少女、直垂（ひたたれ）をつけ鋤（すき）を手にした男、同じく鍬（くわ）を持った男、そして、白衣緋袴に模様の入った襷（たすき）をかけ背に花笠を背負った田舞の少女8人、花傘をさしかけられ肩車をされた早乙女（さおとめ）役の少女8人が入る。そして、鎌入れの所作、鋤入れ・鍬入れの所作に続き、牛方により代かきが行なわれる。その後、少女8人が苗長から受けとった早苗を手に田舞を舞い、年配者の早乙女手代による田植え所作をもって耕田式は終了する。

2日目は、田植式が行なわれる。前日と同様に拝殿の前庭に、露払い・鍬取り・老姥や花傘の少女が進み、少女の田舞の後、田植歌にあわせて早乙女手代が田植えの所作をする。拝殿前の神事が終わると、一同は行列をなして参道から御神田へ向かう。御神田では、献饌（けんせん）、祝詞（のりと）奏上などの神事に続き、早乙女が田植歌を歌いながら実際に苗を植える。終わると、一同はまた行列をなして社殿に戻り、群衆は、境内に立ててあった花傘を奪い合うのである。

神幸祭　4月15日に執り行われる。約800年もの昔から伝わる祭事とされ、香取神宮の祭神である経津主命（ふつぬしのみこと）が東国を平定したときのようすを模して行なわれるものである。

氏子が平安時代さながらの白衣姿・黄衣姿で行列を組んで神宮の周囲を練り歩く。行列は、おもに甲冑（かっちゅう）武者の装いや楯（たて）や矛（ほこ）を持つ人、神輿（みこし）を担ぐ人など、総勢200人にも及ぶ。祭典前には、千葉県無形民俗文化財に指定されている香取神道流の演舞が奉納される。

大饗祭　晩秋の11月30日に行なわれる東国三十三国の神々を招いての饗応のまつりである。そこには、香取神宮ならではの特殊な神饌（しんせん）（雌雄1対のカモをさばき、内臓を取り出し、再び羽根を広げたように飾りあげた羽盛、カモの内臓やサケ・フカの切り身を組み合わせて高く盛りつけた羽盛など）が用意され、水郷特産のマコモで編んだ33個の行器（ほかい）（運搬用の容器）に盛って献上される。

まつり当日の午後、白丁（はくちょう）（白張りを着た祭員）が行器をささげて諏訪神社（佐原市）から香取神宮鳥居まで練り歩き、神饌（しんせん）所に入る。このとき、参拝の女性は、安産のまじないになるといって行器の下をくぐる。夕方、本殿前の参道に篝（かがり）火が焚かれると、笛・太鼓の楽がはじまり、神官たちは参道の所定の位置につく。神饌が神官たちの手から手へと受け渡され、奏楽のなかで神饌殿から拝殿の祭壇に供えられる。厳粛な神事が終わると、行器の御飯は、無病息災を祈る参拝者に配られるのである。

白浜の海女（あま）まつり

白浜（南房総市）は、海女と灯台の町といわれた。かつては千数百人の海女がいた、という。そして、3月から9月にかけて、アワビ・サザエ・テングサ・ワカメなどの漁が盛んであった。

海女まつりは、海女操業の伝承と、安全・豊漁祈願などを目的に毎年7月、現在は海の日とその翌日の2日間、白浜の海岸で行なわれる県内最大の夜祭りである。松明（たいまつ）を手にした100人の海女が白装束姿で海に入り、港のなかを輪になって泳ぐ。ほぼ同時刻に沖合いで数百発の花火が打ち上げられ、海女たちの大遊泳に花を添える。

安房（あわ）神社大祭・安房神狩（みかり）神事

安房神社大祭は、毎年8月10日に行なわれる。まつりの最大のみどころは、神輿渡御である。

神輿の出御に先立ち、神輿と舁夫（よふ）（担ぎ手）を十分に祓（はら）い清め、神輿に神霊を招く神霊移しの儀が執り行なわれる。その後、神輿は勢いよく出御し、町内を巡る。

昭和35年ごろまでは、神輿が鼻高面の猿田彦（さるだひこ）を先導に相浜の海岸の仮屋に渡御する浜降神事（お浜出し）が行なわれており、「浜降祭」とも呼ばれていた。当時は、近郷の9社（洲宮（すのみや）神社・下立（しもたて）松原神社・布良崎（めらさき）神社・日吉神社・相浜神社・犬石神社・八坂神社・熊野神社・白浜神社）からの神輿が入祭していたが、現在は行なわれていない。

神狩神事は、安房神社で12月26日から1月5日にかけて行なわれていた。房総を開拓したと伝わる天富命が、野山を荒らすイノシシやシカなどの害獣を駆逐したことに感謝するための神事、とされる。神事の初日は、イチノビと呼ばれ、この日から神官は身を清めて神社に籠り、人との接触を避けた。また、氏子も期間中は物忌（ものいみ）を守り、針の使用や、竹・藤蔓を用いることをしない。また、山に行くこと、機織りなどを慎み、音をたてないようにした。これを、ミカワリともいった。この風は、安房地方だけでなく上総地方にも及んでいる。

最終日の朝には、「下の餅」を神前に供えた。これは、獲物の舌を象徴するとされ、獲物が多いことを願い示すものである、という。

なお、下立松原神社（南房総市）でも同様の神事が行なわれている。

ハレの日の食事

冠婚葬祭や会合に欠かせないのが「太巻き寿司」である。また、正月には「かいそう」という料理を食す。これは、ツノマタという海藻をよく洗って水で煮つめ、海藻のかたちが残っている間に型に流して固めたもの。それを適当な大きさに切って、削りかつおなどの薬味を載せ、醤油などで食べる。雑煮の箸やすめとして食することが多い。

なお、館山市茂名（もな）地区にある十二所神社の例祭（毎年2月19日～21日）は、「茂名の里芋祭」（国の重要無形民俗文化財指定）といわれるように、サトイモを山型に積み上げて飾りつけた独特の大きな神饌を供え、氏子たちがそろってサトイモを食べる。千葉県下では、ほかにも滝神社（船橋市）で「芋まつり」（9月4日）があり、同じく氏子たちがサトイモを食べる習慣がみられる。

寺社信仰

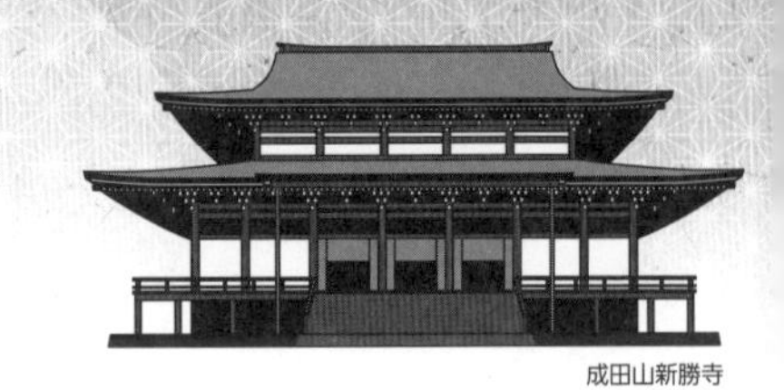

成田山新勝寺

寺社信仰の特色

千葉県は海の信仰が色濃い。多くの人々が西から黒潮にのって房総半島に定着したと考えられており、南端にあった安房国は阿波国（徳島県）麻植から移住した忌部氏らが開いたと伝え、安房一宮の安房神社はその祖神を祀るという。安房は鮑や麻の産地として知られ、フサ（房／総／布佐）の語は麻を指すともいう。安房一宮は〈洲崎踊〉‡で知られる洲崎神社との説もある。また、安房二宮は洲宮神社という。

上総一宮の玉前神社、同二宮の橘樹神社の祭神も海から上陸したとの伝承がある。また、外房には山武市成東の長勝寺や、いすみ市大原の関東36不動35大聖寺、鴨川市天津の自性院など波切不動の信仰がある。日本一の不動尊と名高い成田市の関東36不動36成田山新勝寺の本尊が上陸したと伝える横芝光町の尾垂ヶ浜には波切不動像が建立された。新勝寺では毎年4月3日に弥勒踊りの〈おどり花見〉‡が奉納されている。

下総一宮は香取神宮で、関東地方を中心に約400社ある香取社の総本社である。祭神の経津主は武神・剣神として知られるが、香取が「楫取」とも書かれたことから、舵取の航海神ともみられている。下総二宮は、海神の娘・玉依姫尊を祀る旭市の玉崎神社（龍王宮）とも、下総三山の七年祭り（磯出式）で知られる船橋市の二宮神社とも伝える。

千葉県は平安時代に千葉氏によって発展したことから、千葉氏の守護神を祀る妙見本宮千葉神社（北斗山尊光院）や、千葉氏の祈願所とされた坂東29海上山千葉寺も信仰を集めている。

鎌倉時代には日蓮が活躍したことから、鴨川市の誕生寺と清澄寺、市川市の法華経寺（中山鬼子母神）は日蓮宗の大本山とされている。

義民の佐倉惣五郎を祀る成田市の宗吾霊堂（東勝寺）も信仰が篤い。惣五郎は佐倉城主の堀田正亮により佐倉市将門山の口ノ宮にも祀られた。佐倉城の跡には今は国立歴史民俗博物館が建っている。

凡例　†：国指定の重要無形／有形民俗文化財、‡：登録有形民俗文化財と記録作成等の措置を講ずべき無形の民俗文化財。また巡礼の霊場（札所）となっている場合は算用数字を用いて略記した

主な寺社信仰

須賀神社

野田市野田。下町に鎮座。須佐之男命（牛頭天王）を祀る。社殿は土蔵造り。境内に高さ2mの猿田彦神の丸彫り石像が立つ。7月の祭礼は野田三ヶ町夏祭りとよばれ、上町・仲町・下町が輪番で神輿年番・津久年番・獅子年番を務める。底抜け山車や獅子神輿が地区を練り歩き、中日には〈野田の津久舞〉‡が奉納される。重次郎とよばれる舞い手が、白装束に雨蛙の面をつけ、津久年番の囃子にのせて高さ15mの杉の丸柱に登り、室町時代の蜘蛛舞に似た曲芸的所作を演じる。命綱はない。柱の頂上に被せた醤油の一斗樽の上に立ち、四方に白・黒・赤・緑の破魔矢を弓で射ると、最後は柱から張られた白綱を滑り降りる。1802年の大旱魃で山崎村大和田の重次郎が舞ったのが最初と伝え、重次郎役の転落死などで何度か中断されながらも、地元の熱意で伝承されている。

安養寺

印西市武西。天台宗。本尊は阿弥陀如来。印西88-51。1560年に秀範僧正が戸神に創建し、2世の尊祐法印が現在地に再建したという。武西に伝わる〈六座念仏の称念仏踊〉‡は当寺の行事であった念仏が民間に根付いて伝承されたものである。地元ではショウネエとよばれ、2月15日の天道念仏の最後に踊られる。青年館（薬師堂）の仏壇の前に日輪を表す赤い幣束を立て、法眼が鉦と締太鼓を叩き、称念仏1座と心経・不動釈迦全文を唱え終わると、女性だけが座を立ち、天蓋の下で輪になって踊る。念仏講はこの他にも鉦起し念仏、寒念仏、彼岸念仏、虫送り念仏、棚念仏、施餓鬼念仏、荒れ除け念仏、鉦伏せ念仏などの年間行事と、毎月初の月次念仏、墓石を立てる際の石立念仏、年忌供養や葬式などの依頼に応じて随時行う念仏など、年間数十回もの念仏を行っていた。

八坂神社

香取市佐原。本宿の鎮守。17世紀に諏訪山の天王台から牛頭天王社を遷したと伝え、祇園感応天王宮と称された。7月の祇園祭は、10月の新宿諏訪神社例祭とともに「佐原の大祭」とよばれ、関東三大祭に数えられる。附祭に〈佐原の山車行事〉†が行われ、日本三大囃子の一つ佐原囃子にのって幣台とよばれる10台の華麗な山車が町内を曳き回される。囃子台の上の露台には巨大な飾り物が載り、大きい幣台は高さ7m・重さ4tにもなる。八日市場の大鯉と仁井宿の大鷹の飾り物は、古式に則り麦藁でつくられている。本祭では通し砂切の演奏後、10台の山車が次々に豪快な曲曳き「のの字廻し」を披露する。境内の水郷佐原山車会館では幣台など、数多くの祭り資料を展示している。なお、南隣の多古町では、八坂神社の祇園祭に〈多古のしいかご舞〉‡が演じられる。

菊田神社　習志野市津田沼。大己貴大神が久久田浦の小嶋に鎮座したのが始まりと伝え、久久田大明神と崇められた。後に藤原師経・師長らが船で漂着し、境内を船の形にして、祖先の藤原時平を追祀したという。後に師経らは三山へと移り、二宮神社の神主になったという。1月は御札焼き、2月は節分祭、3月はアンバ様、10月19日（昔は旧暦9月19日）は例祭で賑わう。丑年と未年には周辺7社の神輿とともに二宮神社へ集まり〈下総三山の七年祭り〉を行う。参加する9社は時平の一族とされ、二宮神社は父、畑の子安神社は母、萱田の時平神社は長男、古和釜の八王子神社は末子、高津の高津比咩神社は娘、当社は叔父、実籾の大原大宮神社は叔母、武石の三代王神社は産婆、幕張の子守神社は子守であるという。

広済寺　横芝光町虫生。慈士山地蔵院と号す。本尊は地蔵菩薩。1196年の創建と伝える。薩摩国の石屋禅師が虫生の辻堂に宿った折、妙西信女という亡者が地獄で鬼に責められている夢を見た。妙西は椎名安芸守の一人娘であった。2人は娘の法名を妙西から広西に改め、菩提を弔うために広西寺を開いたという。その年の仲夏、寺に赤・青・黒・白の鬼面や鬼婆の面が天降り、また、同じ夢を見たとして運慶・湛慶・安阿弥の3人が来訪し、閻魔大王・倶生神・菩薩などの面を授けたため、石屋はそれらの面で因果応報を説く劇を始めたという。今も地獄の釜の蓋が開くという8月16日に〈鬼来迎〉†として釜入れや死出の山が演じられている。同様の鬼舞は、香取市の浄福寺や成田市の迎接寺でも行われていた。鬼婆に抱いてもらうと赤子は健康に育つと伝え、幕間に虫封じが行われる。

西光寺　匝瑳市八日市場。米倉山白毫院と号す。本尊は阿弥陀如来。真言宗智山派。1427年に鏡照が開山したと伝え、13世紀の絹本著色十王図を蔵する。椎名氏が大檀那であった。背後の台地は椎名一族の米倉氏の城館址である。門前には老人クラブ発祥の地の碑が建ち、2月の節分会には多くの人々で賑わう。14代住職は、1591年に江戸で真福寺（1610年に新義真言宗触頭、現在は真言宗智山派総本山智積院別院）

を開いた照海で、江戸時代は真言教学の道場として栄えた。近くで茶屋をしていたという権左の悲劇は、8月中旬に米倉地区で行われる〈八日市場の盆踊り〉の盆踊歌、『権左が西国』に今も唄い継がれている。墓地には1796年作の、千葉県固有ともいえる馬乗り馬頭観音の石仏が残されている。

八坂神社　旭市宿天神。昔は牛頭天王、今は須佐之男命を祀る。7月の例祭（太田祇園）では〈太田八坂神社のエンヤーホー〉[‡]が奉納される。本祭の日没後、地区を練り歩いた神輿が境内に戻ると、舞台で無言劇と橦枚が演じられる。進行中、観客の子どもたちは陰陽法と声を掛ける。無言劇では、赤獅子・青獅子・カマキリ・阿亀・火男などの面をつけた人々が、悪霊退散・五穀豊穣・子孫繁栄の祈りを演じる。橦枚は、利根川の高瀬舟船頭が帆柱の上で曲芸を演じたのが始まりとされ、赤獅子の面を着けた昇り獅子が、命綱をつけずに高さ9間の橦柱に登って軽業を披露し、柱上で五色の紙吹雪を撒く。この紙は安産の御守りになるとか、地面に落ちる前に拾うと病気にならないといって、人々が競って拾う。最後は獅子が縄2本のみで体を支え、両手を広げたまま頭から滑降する。

海保神社　市原市海保。八幡宮と崇められたが、1915年に日枝神社（大山咋命）を合祀して現称とした。境内には出羽三山の塚がある。10月15日の例祭などに演じられる〈大塚ばやし〉は、もともとは梵天納め（大供養）の山車の上で演じられるものであった。それは約20年に一度行われた行事で、奥州出羽三山詣でをした行人が海保地区の丘陵の突端にある大塚（海保大塚古墳）に御符を埋納した。房総半島西部は出羽三山信仰が盛んで、男は三山詣でをして一人前といわれた。市原市上高根では行人によって敬愛講社が構成され、毎月の八日講と二十日講には金剛界大日如来坐像を祀る行屋に集まって祈禱し、囲炉裏を囲んで共同飲食を行うほか、夏には出羽三山に登拝し、供養塚に梵天を納めるとともに、八社参りと称して近隣8か所の行屋を巡拝することなどが今も活発に行われている。

玉前神社　一宮町一宮。上総一宮。名神大社。玉依姫命を祀る。神体は潮汲みの翁が得た12の明珠とも伝える。9月の例祭は〈上総十二社祭り〉とよばれ、当社祭神一族が漂着した釣ヶ崎（一宮町東浪見）の海岸で再会する。昔は玉前六社と称された当社・本納橘樹神社

（上総二宮）・山崎二宮神社・北山田三之宮神社（上総三宮）・宮原南宮神社・下之郷玉垣神社の、それぞれの大宮と若宮、あわせて12社が集ったという。房総半島に多い浜降り神事では最古とされる。今は山内四社（和泉玉崎神社・中原玉崎神社・椎木玉前神社・綱田玉前神社）などから5社9基の神輿が出る。大海原を背に2,500人余りの裸若衆たちが担ぐ神輿が渚を疾走することから「上総の裸祭」と親しまれる。上総神楽として知られる〈玉前神社神楽〉は、例祭のほか宮薙祭や太々祭でも奉納されている。

山王様 木更津市中島。大山咋神を祀り、日枝神社と称される。境内には中島敬愛講が建立した出羽三山碑が4基ある。講では毎月8日に1667年鋳造の大日如来像を祀る行屋（行宿）の月照院に集う他、1月に〈木更津中島の梵天立て〉‡、2月に浦祭り（水神祭）、3月にヤマンデマチ（愛宕祭）、8月に土用行（施餓鬼）を行っている。梵天立ては、1月7日未明に新入りの若い衆が海中に長さ3間の梵天を立てる行事で、水神宮の斎場では出羽三山行人が海に向かって数珠を繰りながら身滌祓詞やホトギ詞、般若心経などの「拝み」を唱え続け、浜大漁・悪疫退散・村内安全・五穀豊穣を祈願する。水神講の職人が世界に普及させた上総掘りは、わずか数名で深さ数百メートルの自噴井戸を掘削できる技術で、木更津市郷土博物館（金のすず）では〈上総掘りの用具〉†を収蔵・展示している。

鹿島神社 いすみ市大原町貝須賀。常陸の鹿島神宮から武甕槌命を神明台に分霊し、近隣数村の鎮守としたのが始まりという。造式の日月神社と大井の瀧内神社も同時に創祀され、併せて上座三社と称された。大原地区10社の親神（伊南十社の総社）と崇められ、9月の「大原はだか祭り」には子神（造式日月・大井瀧内・大原八幡・小浜八幡・渋田賀茂・小佐部熊野・北寄瀬八坂・上寄瀬御嶽・新場廣田の各神社）が当社へ参集し、法楽を施行後、10社の神輿が揃って大原漁港へ向かう。釈迦谷天御中主・南日在大山・深堀滝口・北日在玉前・若山熊野・新田日月・小沢諏訪・岩船八幡の各神社の神輿も合流し、18社一斉に大原海水浴場へ入って豪快に揉み合う（汐踏み）。〈房総のお浜降り習俗〉‡を代表する行事である。最後の大別れ式では神輿が走り回って別れを惜しむ。

日枝神社 南房総市千倉町。白間津の氏神で、日ノ宮や山王大権現と崇められた。岩戸大納言義勝ら田仲の8軒が、隣の真言宗智山派岩戸山円正寺とともに開創したと伝える。同寺は明治維新まで別当寺として当社を管理し、今も祭典ではまず本尊の千手観音にササラ踊が奉納される慣わしとなっている。4年に一度の旧暦6月15日に行われる〈白間津のオオマチ（大祭）行事〉[†]では、宵祭(よみや)に、オッペコ踊をする露払いのトヒイライ、片鎌槍(かたかまやり)と薙刀(なぎなた)で魔物を退けるエンヤ棒、〈白間津ささら踊〉[‡]、酒樽萬燈(さかだるまんど)などが奉納され、本祭(ほんまち)では御浜下(おはまお)りに続いて、日月を模した10mの大幟(おおのぼり)を競って曳く大綱(おおな)渡しの行事がある。白間津ささら踊は、振込み（寺・神社）、お寺踊り、白間津踊り、山伏踊り、御参宮踊り、扇踊り、六角踊り、小切小踊り（外山・森屋様）、牛若踊り、綾踊りの全12曲がある。

伝統工芸

行徳神輿

地域の特性

千葉県は関東地方南部に位置し、安房、上総、下総からなる。良質なアサ（総）がとれたことから「総の国」と呼ばれ古代から織物を貢納していた。冬でも温暖なため、近郊農業が盛んで、ラッカセイやイモ類のほか、花卉栽培や養鶏、酪農など農業人口も多い。雄大な嶺岡丘陵では平安時代からウマが放し飼いにされ、鎌倉～戦国時代にかけては軍馬の生産が盛んで、蹄鉄や草刈り鎌など野鍛冶の技術が発達した。江戸時代になると、幕府が輸入した白牛が放牧され、明治時代以降、官有地となってからは御料牧場が開設された。県の種牧場として酪農指導の拠点となり、いち早く畜産関連の洋式工具の生産も行われるようになった。千葉県は日本の酪農の発祥地とされている。

外洋に面していて、古代から海上交通による外部との交流が盛んであった。入海がたくさんあり、中世まで香取神宮の支配下にあったが、平安時代末期の源頼朝の安房上陸に続く鎌倉幕府の成立、東国武士の躍動、近世には徳川家康による江戸開府により大きく発展した。世界有数の人口を抱える江戸の人口増加を支える物資の供給地として、沿岸漁業が発達。江戸の台所として、海産物や農産物のほか、野田や銚子の濃口醤油醸造、ダイズ栽培と行徳の塩は、整備された水運と相まって江戸庶民の食文化を豊かにした。

伝統工芸の特徴とその由来

房総半島一帯では、古くから砂鉄が産出され、古墳時代頃から製鉄や鍛冶が行われていた。江戸幕府が築かれてからは60年の歳月を費やして利根川の流れを変える東遷事業が行われ、さらに印旛沼干拓など、江戸時代を通じて大規模な土木工事が行われた。土地の開拓に必要な手道具類の製造技術が発達し、鍛冶職人が増え、江戸時代末期には工匠具産地として成立していた。

南部の丘陵地帯には灌木が多く、楊枝に使われるクロモジの採取も容易で、「いすみ楊枝」「いちはら小楊枝」「梅ケ瀬楊枝」「ちば楊枝」などが、それぞれの特徴を保持しながら、現在も手づくりで生産されている。いずれも雨城楊枝の流れを汲み、そのまま「黒文字」と称され、茶席や料理屋の注文をまかなっている。なお、肝木房楊枝は歯ブラシの登場で生産されなくなった「ふさ楊枝」を復元したもので、文化遺産ともいえるその作品は多くの博物館に所蔵されており、楊枝は地味ながら隠れた名産といえる。

知っておきたい主な伝統工芸品

銚子ちぢみ（銚子市）

銚子ちぢみは、丈夫で肌触りのよい、夏用のきもの地である。さらりとした風合いの木綿織物は藍染めの濃淡が粋で、江戸の花街などで人気を博した。江戸時代の中頃、「板底一枚下は地獄」という危険を冒して海に漕ぎ出す漁師の家を守る女性たちが、漁の安全と豊漁を祈って織ったのが始まりとされる。利根川対岸の浜崎ちぢみがもとになったとされ、緯（横）糸に通常の何倍もの撚りをかけて糊で固め、右撚りと左撚りを交互に織り込んだ後、湯揉みして丁寧にシボ（凹凸）出しをする。

江戸時代後期には40軒以上の機屋と、周辺の農家や漁師の家の女性たちの出機が100軒以上あったとされている。手間がかかるため値も張り、通人たちに珍重されたが、明治時代以降、大量生産されるようになり、品質が落ちるにつれて衰退した。

しばらく中断していたが、第二次世界大戦後、復活を志した銚子の常世田眞次郎の奔走により、銚子ちぢみ再興のかなめともいえる超強撚糸機の復元に成功。1954（昭和29）年には県の無形文化財に指定され、子から孫へと3代にわたって伝統を守り続けている。

萬祝式大漁旗（銚子市）

「萬祝」とは、望外な大漁の際に漁業主が漁夫、知人、関係者を招いて開く祝宴のことで「まんいわい」ともいわれる。または、その引出物として漁師に贈る祝い着の半纏のことで、縁起のいい図柄が大胆に極彩色で染め抜かれ、豊漁祈願などの際に、帯を締めずに上から羽織って着用する。

豊漁をいち早く知らせる大漁旗は、11世紀頃から船印という幟（のぼり）を目印として船に掲げたことから始まったとされ、「萬祝式大漁旗」は、豊漁祝いの晴れ着「萬祝着（まいわいぎ）」の染色技術とともに、今も房総半島一帯に引き継がれている。筒描き藍染めが基本であるが、大漁旗の場合はフリーハンドでなく、一枚型の型紙を用いる。文様の輪郭を彫った型紙を綿布に当てて、輪郭線を糊筒でなぞり、その内側に豆汁（ごじる）を混ぜた染料を刷毛で塗る。文様部分に糊伏せして防染し、藍甕（あいがめ）に浸けて染め、水洗いして糊を落とす。絵柄は、タイ、カツオ、鶴亀、松竹梅、恵比寿大黒、宝船などめでたいもの尽くしで、今も漁船の進水式を始め、新築祝い、結婚祝い、出産祝いなどに誂えることが珍しくない。また、土産物としても好評である。

千葉工匠具（ちばこうしょうぐ）（船橋市、柏市ほか、千葉県全域）

千葉工匠具とは、千葉県の鍛冶職人が伝統的な技法により製造する刃物や手道具類の総称で、代表的な製品としては鎌（かま）・鍬（くわ）などの農具や包丁類、洋鋏（ようばさみ）などがあげられる。古代から砂鉄の産地として製鉄や鍛冶が行われていたが、明治時代に入ると、散髪脱刀令施行に伴って理髪用の理美容鋏、洋装の仕立て職人のための洋鋏の製造など製品の範囲も広がり、職人の仕事道具全般、つまり「工匠具」の産地として全国に知れ渡るようになった。鴨川市の船鋸（ふなのこ）、成田市の総火づくりの羅紗切り鋏、全国各地の大工に愛用されるバールや釘抜きなど、さまざまな洋式工匠具を開発した当時の技術・技法の流れを汲む仕事道具や日用品が今も製造されている。

また肉食文化の普及とともに始まった牛刀の製造は、すでに明治時代中頃には、鍛冶職人たちの試みが始まっていたようである。繊細な切れ味を本分とする和包丁と違い、洋包丁は肉をさばく以外にも、切る、剥（む）く、刻むなど硬い骨以外ならなんでもこなせる汎用性が追求される。刀鍛冶や野鍛冶を前身とする明治時代の鍛冶職人たちは、和包丁の常識に拘らずに、形状、鋼（はがね）の種類や熱処理の仕方など独自に研究を重ねて、西洋料理黎明期（れいめいき）の料理人たちの要請に応えた。新しい生活様式に応じて変遷を重ねるものづくりの環境と職人たちに寄り添って進化を遂げた技が、今も、現代の多種多様な職人技を支えている。

行徳神輿（ぎょうとくみこし）（市川市本行徳）

神輿は一般的に神殿をかたどった輿が多いが、行徳神輿も屋根が大きく張り出した

「大唐破風屋根」の「関東型」を筆頭に、「八棟」「平屋根」と、豪奢をきわめたつくりである。基本構造は屋根と堂と台輪で、木地師や彫刻師、錺師（彫金）、鋳物師、塗師などさまざまな職人が専門の技を競い、神輿師が総括する伝統工芸の精華といえる。

行徳の神輿づくりは、1826（文政9）年から始まったとされる。行徳は戦国時代から幕府直轄の塩田地域として優遇された。塩産業を軸に海苔や魚介類などの漁業が盛んで、成田街道の入口という要衝にあり宿場町としても栄えたため、さまざまな恩恵を享受していた。信仰に篤い土地柄が醸成され、神社仏閣には寄進を惜しまず、全国から宮大工が集まって技が磨かれ、技術の集約の象徴として神輿づくりが盛んになったといわれている。

現在も、浅草の「三社祭」、鳥越の「鳥越祭り」、神田明神の「神田祭」のほか、「佃祭」「深川祭り」など名立たる祭礼の随所に登場し、行徳神輿の名を高めている。

房州うちわ（館山市、南房総市）

房州うちわの特徴は丸柄である。厳寒期に伐採した小指ほどの太さのメダケを、先端から割いて広げ、固定して骨をつくり、和紙や布を両面から貼る。仕上げにはみ出した骨を断ち落とし、縁を整える。

これらの作業は細かく分業化されており「うちわ屋」と呼ばれる製造元がデザインを決め、「割き屋」「貼り屋」「縁屋」「編み屋」「弓削屋」「下窓屋」などの専門の職人の間を行き来しながら製造の流れを管理する。最も熟練を要するのが「割き屋」で、まず竹を均等な幅に割き、内側の肉を削いでほどよい厚みに整え、大きさに合わせて細かくしていくが、直径1cm程度の竹でも40数分割以上に及ぶ。

しかし、ポイントはやはりデザインに尽きるであろう。房州うちわは手描きではなく、絵柄のついた貼り地を用いるのが基本なので、プロデューサー役を担う「うちわ屋」は染め布の質感、色柄、和紙の風合い、浮世絵のモチーフ、流行の色柄、アニメのキャラクターまであらゆる意匠に精通していることが求められる。浴衣ブームや外国人観光客の増加で、業界は上向きではあるものの後継者の確保が課題となっている。

芝山細工（千葉県）

芝山細工は漆器加飾技法の一つで、芝山象嵌とも呼ばれ、主に象牙や紫檀の素地に、牙、角、螺鈿、サンゴ、べっ甲などを組み合わせ、レリーフ状に彫刻し、花卉、鳥獣、人物などを漆面や木面に象嵌する華やかな装飾技法をいう。安永年間（1772〜81年）に、下総出身の芝山仙蔵により考案されたことからその名がついた。

江戸の町で発展したが、明治時代には、当時ヨーロッパで頻繁に開催された万国博覧会への出品で、ジャポニズムに沸く欧米への輸出が高まった。そこで輸出に便利な横浜の港近くに職人が集まり、盛んにつくった。輸出された作品には、屏風や箪笥、額、置物などの大物が多かったが、それらは今では優れた美術工芸品として国内外の愛好家に人気がある。

しかし、関東大震災や太平洋戦争などで、ほとんどの職人が廃業、離散し、その後の近代化の波とともに衰退した。現在では芝山師と呼ばれる細工ができるのは数人だけである。漆（塗師、蒔絵師）、木工（木地師、指物師）、象嵌（彫り込み師）、裁断、彫刻、染色など一人で多彩な技法を駆使し、高価な素材に精巧な細工を施すので、その習得に時間も手間もかかり、実際に技術を受け継ぐ人は少ない。その中で、二人の職人がアクセサリーなど小物類の制作で活躍している。

楊枝（いすみ市、市原市、君津市、千葉市ほか） 千葉県の「楊枝」の特徴は、すべてクロモジを材料として、茶席や料亭での使用を前提に、簡素ながらも工芸的な装飾が施されていることである。楊枝は、現在では食後に歯の間にはさまったものを取る爪楊枝をさすことが多いが、本来は歯ブラシのように歯を磨くために用いた道具で、奈良時代、仏具とともに中国から伝わったとされ、「礼拝や説教の前には手を洗い、歯木を噛んで歯を清掃し水で口を漱ぐように」という釈迦の教えに則って、薬効のあるボダイジュの枝先を噛んでふさ状にして歯を磨いたとされる。

日本に楊枝が普及したのは江戸時代で、歌川国貞や喜多川歌麿の浮世絵にもみられるように、小間物屋の店先での商いのほか、浅草寺の境内などには楊枝専門店も現れ、江戸庶民の暮らしの必需品となった。この頃の楊枝は主に房楊枝である。楊枝の材料には楊柳、クロモジ、ウツギなどが用いられたが、上総地区には高級な材料とされるクロモジが豊富だったことから、江戸時代に生産が始まった。最も有名な「雨城楊枝」は、江戸時代末期、現在の君津市のあたりを治めていた久留里城主が、藩士に奨励したのが始まりといわれ、単なる実用品だけでなく、木肌を活かして装飾を施した細工物もつくられた。

民　話

地域の特徴

千葉県は、四方を海と川に囲まれている。地形は全体的に起伏が少なく、低い山々からなる。気候は、黒潮の影響を受ける海洋性気候、下総台地の内陸性気候と変化に富む。

1871年の廃藩置県まで、安房（あわ）、上総（かずさ）、下総（しもうさ）から成り立っていた。房、総は古語の「ふさ」であり、花や実がたれさがる状態を意味している。伝承では、阿波国から来た天富命（あめのとみのみこと）と忌部（いんべ）氏が上陸し、麻＝総のよく育つ土地として名付けたという話と、猿田彦命と香取神宮の経津主命（ふつぬしのみこと）が鬼退治の際に倒した椿の木の上を上総、下を下総と名付け、根元のあとが椿海（つばき(の)うみ）となったという話とがある。

外洋に面していることから古代より海上交通による外部との交流があった。また、中世までは、香取の海と呼ばれた入海（いりうみ）があり、多数の津（港）を香取神宮が支配していた。歴史的転機としては、平安時代末期の源頼朝の安房への上陸と鎌倉幕府の成立、そして徳川家康による江戸（えど）開闢（かいびゃく）で江戸が政治の中心地となったことが挙げられる。江戸の人口増加にともない、房総は、江戸の町を支える物資の供給地となり、新田開発が行われ、沿岸漁業も発達した。そして、江戸への物資が海運、利根川・江戸川水運により入ってくることから、房総は航路の一環となり、物資だけでなく、文化的ルートにもなった。

1873年、千葉県が誕生し、94年に総武鉄道が開通。後に、東京のベッドタウン化を進める要因となり、行商の女性たちが乗降する車内は東京で房総を感じる場となった。第2次世界大戦後は、軍都と農業の地からの転換をはかった。首都東京に近接、東京湾に面した地であることから、臨海工業地帯、住宅団地、新東京国際空港、東京ディズニーランドが建設され、千葉都民の語を生み出した。

伝承と特徴

千葉県は、都市部に近接しており、民俗や民話の調査地としての関心が低い場所だった。全般的傾向として昔話より伝説や世間話、笑話が好んで伝承され、昔話の話柄も伝説や世間話として語られる事例が多い。鎌倉、江戸・東京だけでなく、海路を通じて西国などとも交流があり、話の伝承においてもその影響が見受けられる。県内の民話を記録した古いものとして、1915年の内田邦彦『南総の俚俗』が挙げられる。『房総の民話』が出版されると同様の報告が続き、『富津町の口承文芸』『長柄町の民俗』などの資料集が刊行された。『房総の昔話』は、県の民俗的特徴が利根川沿岸、内部、九十九里沿岸、南部の4地域に分かれることを踏まえて、異なる環境や歴史の中でどのような民話が育まれてきたのか、地域性を意識してまとめている。近年では市川民話の会による『市川の伝承民話』の刊行、会員の根岸英之の「生活譚」の研究が興味深い。また、『浦安の世間話』は、江戸前の漁村だった浦安を前田治郎助の「ムラ話」で表した世間話集である。その浦安の地に誕生した東京ディズニーランドをめぐる伝承も大島廣志などが取り上げている。『富浦町のはなし』では、沿岸部地域の伝承の現在が資料化され、江戸・東京との距離感もうかがえる。

おもな民話(昔話)

くらっこ鳥　クラという女性が田の草取りをしていると鷲(わし)に赤子をさらわれた。慌てて股引を片脚脱いで「クラッコ、クラッコ」と追い掛けてそのまま郭公(かっこう)になった。郭公の脚は片脚白く、片脚黒い。鳥の鳴き声と脚の色の由来を語る(『南総の俚俗』『長柄町の民俗』)。昔話の「片脚脚絆(かたあしきゃはん)」として広く分布するが、鳴き声の由来を説く事例は珍しい。伊藤龍平は近世の文献『日東本草図纂』にその事例のあることを指摘している(「もう一羽の「くらっこ鳥」」)。

燕報恩　木更津の成就寺では燕の糞害に悩まされていた。和尚は燕に「来年も巣をつくるのなら本尊に礼をしなさい」と話したところ、芥子粒のようなものを持って来た。土に埋めてみたが、何も出てこなかったので、掘り返すとたくさんの蛇がいた。それは南国の蛇で、境内にたくさんいた蝮(まむし)を退治してくれた(『木更津郷土誌』)。

流山市に類話が伝わる。燕が正直者の家に毎年巣をつくり、親孝行の子供のために山から金の欠片を持って来た（『房総の昔話』）。『日本昔話通観9』では孤立伝承話に分類される。昔話の燕は「雀報恩」で語られることが多く、県内には例えばこんな話がある。石堂寺（南房総市）が火事になった時、雀は大急ぎでお寺に集まったが、燕はお化粧をして遅れ、蝙蝠（こうもり）は遊んで行かなかった。仏様は、雀には穀物を食べることを許し、燕には年に一度遠い国へと追いやり、蝙蝠は鳥との交流を禁じて昼は出られないようにした（『日本伝説叢書　安房の巻』）。富津市では、燕はお化粧をするのでクチバシが赤く、お洒落をしているうちに親の死に目にもあえなくなったと、燕の部分のみ語られる例がある（『房総の昔話』）。

一目千両

昔、一目見るのに千両に値するというきれいな娘がいた。ある時、名古屋からしろべえという人が訪ね来て、「3年3か月もかかって千両貯めたので、どうしても娘を連れて帰りたい」と言い、一緒に暮らすこととなった。そば屋を開いたところ繁盛したが、鬼に娘をさらわれてしまった。しろべえは鬼を退治し、娘を無事連れ戻した（『日本の民話4　関東』）。一目千両の採集例は多くはなく、中国・四国・九州地方が多数を占める。話型も一定でない（「一目千両」）。

本話を語った遠山ますは、1893年、老川村（現・大多喜町）生まれ、市原市田淵に居住した。女中奉公先でも昔話を聴いている（「遠山ますさんのこと」）。ますは「鳩と鳴と蟻」「狐女房」などの昔話を語っている。「狐女房」は、県内ではヨカヨカ飴屋から聴いたという事例がある（『房総の昔話』）。ますの語る話は、伝承経路を含めて興味深い（『ふるさと千葉県の民話』）。

天人女房

県内では天人女房の話が伝承されている。富津市の例話を挙げる。よい着物が松の木にかかっていたので漁師が持って帰ろうとした。天人が来て、「それがないと天に昇れない」と言うので返してあげたところ、いつも大漁が続き金持ちになった（『房総の昔話』）。

千葉氏の始祖伝承として語られる羽衣伝説の例がある。亥鼻（いのはな）城下には、千葉（せんよう）の蓮の花が咲く池と一本の松があった。そこに天女が舞い降り、羽衣を松に掛けて蓮の花を眺めていた。領主の常将が聞きつけ、羽衣を隠して帰れないようにし、天女との間に男子が産まれ、千葉（ちば）の姓を賜った（『日本の伝説6　房総の伝説』）。一般的に天人女房などの異類婚姻譚は破局に終わるが、羽衣伝説の場合は、婚姻後に特定の一族や職業の始祖と結びつけられて、始祖伝承など新たな展開を見ることがある(「羽衣伝説」)。

おもな民話(伝説)

角なし栄螺　源頼朝が真鶴の石橋山から房州に逃げて来て鋸南町に上陸した際に、栄螺を踏んで怪我をしてしまい、「栄螺はあるとも、角はいらん」と言ったので、勝山の栄螺は角なしになった。富浦の南無谷の栄螺は威張って鮑の背中で昼寝をしていたが、日蓮上人が富浦の南無谷から鎌倉に渡る時に栄螺の角で怪我をしてしまい、自慢の角がなくなった。鮑は日蓮の船の穴にすいついて鎌倉の由比ヶ浜まで行った。そこの寺には鮑の殻が宝として残っている。日蓮は佐渡に流された時にも鮑が守ったので、船の着いた集落では鮑を食べないという(『ふるさとお話の旅　千葉　南房総ちょっとむかし3』)。安房は頼朝上陸、日蓮誕生の地であり、それらにまつわる話が多く伝承されている(『日本の伝説6　房総の伝説』)。

また、木更津沖の大法螺貝や岩和田(夷隅郡御宿町)沖の大鮑など、海の主にまつわる怪異の話も多い(『千葉県の民話』)。

布良星　メラ星。天文学的には、カノープスと呼ばれ、シリウスに次ぐ2番目の明るさをもつ、りゅうこつ座の一部の星。南半球の星のため、冬に南の水平線ぎりぎりの位置に赤く輝く。1月から2月、房総半島の南端、館山市の布良という漁港で見ることができ、この星に関する伝承はヴァリエーションに富む。例話を挙げると、浦安の猟師、前田治郎助は、メラボシは布良のナレエ(北風)で亡くなった漁師の星で、布良へ行くと冬場のナレエの大きい時に出て知らせてくれるという。また、漁師はよく星を覚えており、父親からキタノホシ、ホウキボシなども教わったという(『浦安の世間話』)。

真間の手児奈　市川市真間の伝承。真間の浦には毎日、井戸の水を汲みに来る手児奈という美しい女性がおり、多くの若者からプロポーズを受けたことに悩み、ついに真間の入り江に入水してしまうというもの。『万葉集』には山部赤人と高橋虫麻呂の歌が詠まれている。真間の井、手古奈霊堂、片葉のアシなどゆかりの事物や伝承がある(『日本伝説叢書　下総の巻』『千葉県東葛飾郡誌』『房総の伝説』『千葉県の民話』)。もともとは、水を司(つかさど)る巫女的存在の女性にまつわる伝承であったと思われる。上田秋成の『雨月物語』をはじめ、多くの文学作品の素材にもなっている。現在では、「手児奈フェスティバル」の開催などで、地元市川の町を盛り上げている(「変容し続ける〈真間の手児奈〉像」)。

里見氏の話

里見氏は、1445年から1614年まで安房郡を支配した。里見氏にまつわる歴史と物語は、滝沢馬琴の『南総里見八犬伝』で有名になり、小説だけでなく、歌舞伎や浮世絵、テレビなどさまざまなメディアを通して広まった(『常設展示解説』)。県内には、旧富山町(現・南房総市)の伏姫が隠れた洞穴をはじめ、里見氏にまつわる事跡が多く、埋蔵金伝説など口承の世界でもヴァリエーションに富んだ話が伝わり、人々にとって身近な存在である(『日本の民俗12　千葉』『房総の伝説』)。『富浦町のはなし』では、里見氏の城址や伏姫の籠った洞窟、武将の祟り、里見観音の由来など、「里見さまの話」としてまとめている。『南総里見八犬伝』は、史実や伝承をもとに馬琴が創作したフィクションだが、その影響のもと地元では、史実と伝承が交錯しながら、新たな創作や解釈、伝承がなされてきたのだろう。

八幡(やわた)の藪(やぶ)知らず

下総国総鎮守、葛飾八幡宮(市川市)の参道に沿った20m四方の藪(やぶ)にまつわる話。藪の中に入ってはいけないとされる。『千葉県東葛飾郡誌』では、①昔、葛飾八幡宮が祭られていた聖地である、②行徳の飛び地であるため八幡の人は入れない、③貴人を埋葬した場所、④ガスを吹き出す穴、底なしの小沼があり、危険、⑤平将門を討つため平貞盛が陣を構えた場所で、入ったら祟りがある、⑥水戸の徳川光圀が伝承を知り、踏査したが迷ってしまい、入ってはいけないと言った、⑦日本武尊が御所地にした跡、などを理由に挙げている。

このほかにも異伝があり、現在でも、おばあさんが中に入って大騒ぎになった話や藪知らずの両側には狐がいて前をぼんやりして通ると狐が憑くなどと言われたりする(『市川の伝承民話』)。この場所が神聖視されてきたことを物語っており(『日本の民俗12　千葉』)、そこに禁足地としてのさまざまな解釈がなされてきたのであろう。江戸時代には地誌や紀行文に記録されたり(特集『遊歴雑記初編上32』「やはたしらずの藪の事実」)、それ以降も浮世絵や講談の題材になったりしている。また般若心経の注釈書に引用されている例もある(「翻刻・『般若心經繪入講釋』「無罣碍故無有恐怖」(八幡不知森説話)」)。

おもな民話(世間話)

増間話(ますま)　増間(ますま)集落(現・南房総市増間)を舞台とする「愚か村話」。県内には成田市周辺に川津場話も伝わる。増間出身の安田高次は増間村話を熱心に報告した(「安房の増間の話」)。ある時、増間村に大雨が降り、増間川の岩に祀ってあった水神様が流された。増間の人たちは東京湾へ突き出た大房岬の岩礁を流された水神様の岩だと主張し、「増間島」となった。増間の人々の愚行を笑う話であるが、一方で、増間の人々は愚かなふりをしているだけだなどという異伝や解釈もある。飯倉義之は、愚か村は落人の里で、愚か村話は落武者の自作自演であるというような、歴史的・伝説的な言説が加わって語られていることを指摘する(「愚か村話の近代」)。また、増間は実際は「山奥のムラ」ではなく、船で簡単に東京の霊岸島まで行ってしまう人たちが多く、増間村話は、増間を愚か村としてきた人々のプレッシャーの象徴でもあったと分析する(「安房と上総の増間の話」『富浦町のはなし』)。増間話は時代や伝承する人々の立場などに応じて、引用、解釈されながら語られてきた。

印内の重右衛門(いんないのじゅえむ)　船橋市や市川市を中心に生活に根ざして語られてきた「おどけ者話」。他地域にも大分の吉四六話や熊本の彦一話などがある。武田正は、いずれも地域に限定して語られており、話の成立当初は新話型だったのではないかと述べている(「木小屋ばなしと現代伝説」)。重右衛門(じゅえむ)は、江戸時代、印内(現・船橋市)に実在した小農民とされる。例話として「うるさい鷹番」を挙げる。鷹匠様が村に泊まることになり重右衛門が鷹番をすることになった。「ただ鷹を見ていて変わったことがあれば知らせればよい」と言われた。鷹匠が眠ろうとすると「一大事でございます」と叫ぶ。「どうした」と聞くと、「まばたきをしました」「足をあげました」などと言って眠らせなかったという。米屋陽一は実際に鷹場で暮らす農民たちの中で生成、伝承されてきたとする(「下総の笑話・重右衛門話考」)。また、阿彦周宜は、重右衛門話は馬鹿聟(むこ)話などと同様の話もあるが、奉公先の旦那や幕府権力者をやりこめる点が強調されていると分析している(「重右衛門話考」)。因みに、県内には為政者を意識した話として佐倉惣五郎の義民伝承も知られている。

印旛沼の怪獣

地域の特徴

千葉県は、関東地方の南東部に位置し、太平洋に突き出た房総半島が面積の大部分を占める。三方を海に囲まれ、半島の付け根を利根川と江戸川が流れている。旧国名でいえば、安房・上総と下総の一部からなっている。

半島は、太平洋を北上する黒潮に面しているところから、紀州をはじめ、西南日本を中心とした地域との人と文化の交流がさかんだった。その影響は現在もみられる。また、江戸という大都市に近接しており、多様な文化の交流のなかで人々の生活が形成されてきた。民俗も変化に富む。例えばニオ（稲積み）の呼称の調査によれば、利根川流域の佐原市や香取郡は水運で行き来のあった埼玉県などとの関係が深く、東京湾に面した市原市では神奈川県や静岡県と同系統であることが指摘されている（『日本の民俗　千葉』）。

伝承の特徴

海に囲まれた房総半島の海岸部には、海の怪異にまつわる話が数多く伝承されている。船幽霊をモウレンヤッサという。モウレンは亡霊で、ヤッサは掛け声であろう。特に、漁に出てはならないといわれる盆に、禁を破って海に出たために船幽霊や海坊主に遭遇したと語られる例が多い。大蛸の伝説を紹介したが、ほかにも、嵐を起こすという大鮑の怪なども伝えられている。

利根川水系の湖沼で、下総台地に位置する印旛沼には、沼のヌシをめぐる話をはじめ数々の怪異が伝承されている。現在も県内で最大の面積を有するが、かつてはさらに大きく、しばしば水害を引き起こした。印旛沼の開発の際に、沼のヌシが出現し人間と対峙する話がいくつかみられるのは興味深い。

天狗・河童・狐狸に関する伝承は豊かで広く分布する。なかでも、天狗の話の背景には、天狗信仰と結びついた寺社の影響、特に、飯縄信仰やあんば大杉信仰との関係が考えられる。

主な妖怪たち

印旛沼の怪獣

1843（天保14）年、印旛沼の水を江戸湾に流す印旛沼掘割普請が、五つの藩によって行われた。この工事中の9月2日、秋月藩の現場に謎の生物が現れて大事件となった。朝、家来が弁天堂沼堂前を見廻りをしていると、俄かに大風雨となりあたりが光りかがやいた。そのとき水中より飛び出し、半時ほど岩の上に腰を掛けていた。雷がとどろくなか見廻役人や供の者が死に、その後、大病を患う者もでた。

事件を記録した『年代記』や『密説風聞書』などには、図とともにその大きさが示されている。それによれば、頭から足までの長さが1丈6尺(約4.8m)、手の長さ6尺（約1.8m）、爪の長さ1尺（約30cm）ほどで、鼻は低く顔は猿のようで肌は黒かったという。この謎の生物を『年代記』では「怪物」と書き、『密説風聞書』では「印旛沼之主」と記している（『妖怪と出会う夏 in Chiba 2015』）。図を見ると、どこかアザラシを思わせるような姿である。

海坊主

盆の16日には海に行ってはいけないという。浦安市の前田治郎助は盆の海での怪異を次のように語っている。「大きな三十六反の帆を掛けた船がな、白波立てて走ってくるんだと。（中略）櫂を持ってね、振り上げて、そえでその櫂(かい)で叩くようにしたと。したらその大きな親船はパッと消えちゃってな、おやまた消えたなと思うと、こんだ違うほうに大きなね、海坊主、こうにゅうっと出てきたんだと。おお、こりゃまたこんだ、姿を変えてきたな、と思って、それからまたその方へ向かってね、それを振り回すんだと。すんとまた、パーッと消えたんだと」(『浦安の世間話』)。市川市南行徳の鈴木晴雄によれば、海坊主は黒くて人間のようなかっこうをしてニューっと出るという（『市川の伝承民話』)。

大蛸

潮が引いたのを気づかず、逃げおくれた大蛸が女に見つかる。女は足を1本切り取り、大蛸を岩穴に押し込めて帰る。とてもうまかったので、毎日、足を1本ずつ切り取って食う。8日目、最後の足を切りに行くと、大蛸は最後の一本足で女にからまり、ものすごい力で海中に引き込んでしまったという（『房総の民話』）。海底にもぐった海女が毎日大蛸の足を切り、最後に１本の足で海女の首を絞めた話もある。

大鯰　沼の主。印旛沼に鉄道を敷くときの話である。明日は沼の掻き掘りをするという前夜、工事頭のところに襦袢を着た男が訪ねて来てお願いがあるという。明日は掻き掘りだそうだが、沼には主の大鯰（なまず）がいるから、手荒なことはしないように、工夫たちにも伝えてほしいと頼んだ。工事頭は、わかったと答えて赤飯をふるまって帰した。ところが、翌日の掻き掘りでは、沼の底から現れた大鯰を殺してしまった。腹を裂いたところ、中から赤飯が出てきたという（『傳説民話考』）。この話は昔話や伝説として各地にある。男たちが毒流しの相談をしているところに、僧が現れてやめるように意見をする。意見を受け入れてご馳走をふるまうが、翌日、約束を破って毒流しをする。淵から大魚が浮き上がり、腹を裂くと前夜のご馳走が出てきたという話である。早くからある話が、鉄道の敷設に伴う印旛沼の主の話として語られている。類話は手賀沼の大鯉の物語としても伝えられている。

かくれ座頭　子どもを神隠しに遭わせる妖怪。八千代市では、子どもの頃、隠れごと（かくれんぼ）をやると、かくれ座頭に隠されるといって脅かされたという。カクシババアともいい、同市の石井達雄は「夕方遅くなっていつまでも外で遊んでいると、親から『カクシババアが来て隠されるぞ』と脅かされて、それが恐くて早く帰った」という（『八千代市の歴史 資料編 民俗』）。成田市でもかくれ座頭の話が報告されている。

河童　赤松宗旦の『利根川図志』に登場する利根川の河童、子ヽコ（ネネコ）は有名だが、現在も河童伝承は豊かである。香取市扇島の高安家に伝わる膏薬（こうやく）「十三枚本世散（ほんせいさん）」は、製法を河童から教えてもらったと伝えられている。打ち身、ねんざに効き、江戸時代の終わりから昭和にかけて販売されていた。河童と薬は縁が深く、長柄町にもねんざに効く井戸水を河童から教わった話が伝わっている。家の主人が井戸水を仏様に供え、まじないを唱えて患部をもんでやった（『長柄町の民俗』）。富津市寺尾には、馬を淵に引き込もうとして失敗した河童が馬方につかまり、以後悪さをしないことを約束して命を助けてもらった。河童は大きな石の棒を証文としてだしたという。市原市には、河童からもらったという銭の減らない壺の話が伝わっている（『房総の伝説』）。

12月１日のカワビタリの行事と河童が結びついた伝承もある。この日、水難除けのためにぼた餅などを川に流すのは、７歳までしか生きられないと言われた子どもが、12月１日に河童に餅をあげたことで元気に育ったためだと伝えている（『きさらづの民話』）。

大蛇　昔、久留里城近くの沼にすみついて人々を襲った大蛇が、鎌倉から来た僧侶の護摩祈禱で沼の底に封じ込められた。その後、新田開発のため沼の水を放流すると、再び大蛇が現れて人々を襲い苦しめた。村人たちは火薬を仕掛けた人形で大蛇をおびき寄せ、それを呑んだ大蛇はこっぱみじんになったという。君津市怒田に伝わる伝説である（『妖怪と出会う夏 in Chiba 2015』）。『市川の伝承民話』によれば、龍宮様の前の小川には大蛇がいたという。野良仕事に出た人が見慣れない黒い丸太のような橋を渡ろうとしたら、急に動き出したのでよく見ると大蛇だった。『古今佐倉真佐子』にも、佐倉城の堀端で松の大木だと思って突くと巨大な蟒蛇だった話が載っている。佐倉市には、印旛沼の主と伝える大蛇の頭骨を所蔵する寺院があり、鋸南町の密蔵院でも蛇骨を蔵している。勝浦市や大多喜町では、関平内の大蛇退治伝説も知られている。また、大蛇とともに龍に関する言い伝えもある。

ダイダラボッチ　巨人で、デーデラホーとかデーデーボなどともよぶ。神埼町に人の足跡の形をした8畝ほどの田がある。これはデーデーボの足跡だという。同町大貫の天神山は、デーデーボが杖についた泥を落としてできた山だといい、筑波山は腰をかけて休んだためへこんでしまった（『昭和63年度 千葉県立房総のむら資料調査報告書』第５集）。県内各地に伝説があり、印旛沼を跨いで顔を洗ったとか、筑波山を一夜でつくった話も伝承されている（『成田市史 民俗編』）。

天狗　各地に天狗の話が伝えられている。例えば、『富浦町のはなし―千葉県安房郡富浦町〈口承〉資料集』を開くと、「天狗の休む松」「相撲に負けた七尾の天狗」「タウエを手伝う天狗」「七尾の天狗のヒゲ」「大房岬の洞窟」の話が載っており内容も変化に富む。広く知られる天狗に連れられて遠国を見物した話も伝えられている。佐倉市にあった文珠寺の小僧が酒買いに出たまま帰ってこない。和尚が見に行くと酒の入った徳利が松の枝にぶら下がっていた。夜帰ってきた小僧は天狗にさそわれて京の祇園祭りを見てきたという。後に京から帰った檀家の者が小僧に祇園祭りで会ったと話す（『房総の民話』）。超能力をもつ怖い天狗だけでなく、時には間抜けな天狗も語られる。また、天狗にゆかりのある寺社もある。木更津市の真如寺は、天狗信仰で有名な神奈川県南足柄市の最乗寺と縁が深く、天狗姿の道了尊（どうりょうそん）を祀る。烏天狗が弟子入りしたとの話も伝わる（『妖怪と出会う夏 in Chiba 2015』）。

船幽霊　モウレンヤッサともいう。富津市では、盆の夜に漁に出た舟に、大きな船が近づいてきて「あかとり（柄杓）を貸してくれ」と言った。貸すとそれで舟に水を入れられ、命からがら逃げ戻ったという。千倉町では、船幽霊が出たら、飯入れの蓋を取って海に投げ入れると消えると伝えている。船幽霊は、遭難して供養されずにいる霊で舟こべりに手をかけて「主はいま出ていつもどる オーサ 来月半ばごろ」などと歌っていることがある（『房総の伝説』）。銚子市でも、月のない夜や霞のかかっている静かな晩に出るという。海中から「もうれんやっさ」という掛声が聞え、「えなが（柄杓）を貸せ」と言って手が出る。こんなときは底抜けのえながを投げてやる（『千葉県立房総のむら資料調査報告書』第5集）。

疫病神　人に取り憑いて疫病を流行（はや）らす。下総国千葉郡登戸の浜に孫兵衛という貧しい馬方がいた。路傍の疫神に供えられている銭五百文を欲しさに、今夜は我が家に泊めるのでその駄賃と宿代だといって銭を取る。幣帛（へいはく）を馬にのせ疫神を家に連れ帰ると、一晩祀ったあと海に流す。幣帛が流れ着いた神名川宿では疫病が流行（はや）る。病人が口々に登戸の孫兵衛が恋しいというので、孫兵衛を連れて来る。孫兵衛が声をかけるとたちまち快復したという（宮負定雄『奇談雑史』）。『奇談雑史』には、香取郡神崎の神社で毎年3月の午（うま）の日に疫神祭を行う記事がみえる。当日は川漁を休むが、それを無視して漁をした魚屋の人間が大厄病を患った話がでている。同書にはほかにも厄神の話があり、疫病神に関する伝承が流布していたことがうかがえる。

高校野球

千葉県高校野球史

千葉県で初めて野球が行われたのは1892年の佐倉修正校（現在の佐倉高校）とされ，96年に正式に野球部が創部された．翌97年には千葉県尋常中学（現在の千葉高校），99年成田中学（現在の成田高校），1900年銚子中学（現在の銚子商業）などで次々に創部．26年には千葉師範が千葉県勢として初めて甲子園に出場，35年夏には千葉中学が甲子園初勝利をあげた．

戦後，46年夏から成田中学が3年連続して甲子園に出場，47年夏にはベスト4まで進んだ．53年選抜に銚子商業が選ばれ，千葉県から初めて選抜に出場．62年夏には創部6年目の習志野高校が甲子園に初出場，以後この後者2校と千葉商業が甲子園をめぐって激しく争うことになった．

銚子商業は65年夏には木樽正明投手を擁して準優勝，67年夏には習志野高校が全国制覇，千葉県のチームが初めて全国の頂点に立った．

74年に1県1校となり，甲子園には銚子商業が出場，5試合全てで5点以上を取り，失点は初戦のPL学園高校に奪われた1点のみ，という横綱相撲で初優勝を達成した．翌75年夏は習志野高校が決勝で新居浜商業をサヨナラで降して優勝，県勢2連覇を達成した．

76年夏には銚子商業がベスト8まで進んだが，これ以降，銚子商業が甲子園から遠ざかり，我孫子高校，市立銚子高校，銚子西高校，八千代松陰高校，東海大浦安高校，印旛高校が次々に初出場を決めた．そうした中活躍したのが，81年選抜に出場した印旛高校で，決勝ではPL学園高校に9回1死から逆転サヨナラ負けを喫して準優勝となった．

90年代に入ると，一時低迷していた銚子商業が復活．また92年夏には拓大紅陵高校，95年選抜には銚子商業，2000年夏には東海大浦安高校，19年選抜には習志野高校が準優勝となった．優勝こそ久しくないものの，30年間で4回の準優勝は「野球王国・千葉」の名に恥じないものであるといえる．

主な高校

我孫子高（我孫子市，県立）
春0回・夏2回出場
通算2勝2敗

1970年県立我孫子高校として創立．創立と同時に創部し，78年夏に甲子園初出場．91年夏には3回戦まで進んでいる．

市立船橋高（船橋市，市立）
春2回・夏5回出場
通算8勝7敗

1957年市立船橋高校として創立し，同時に創部．83年の体育科設置以降強くなり，88年選抜で甲子園初出場．93年夏にはベスト4まで進んだ．97年夏にもベスト8に進んでいる．近年では2007年夏に出場している．

印旛明誠高（印西市，県立）
春2回・夏1回出場
通算5勝3敗，準優勝1回

1901年組合立乙種農学校として創立．18年郡立に移管し，印西農学校となる．23年県立に移管．30年県立印旛実業学校となる．48年の学制改革で県立印旛高校となり，2010年印旛明誠高と改称した．

1951年創部．74年佐賀商監督として甲子園にも出場した蒲原弘幸が監督に就任して強くなり，印旛高校時代の78年選抜に初出場．81年選抜では決勝に進み，サヨナラ負けで準優勝となった．

木更津総合高（木更津市，私立）
春3回・夏7回出場
通算14勝10敗

1963年木更津中央高校として創立．73年には清和女子短大附属高校を創立．2003年に両校を統合して木更津総合高校と改称した．

創立と同時に創部．木更津中央高時代の71年選抜に初出場すると，いきなりベスト4に進出．2003年夏に木更津総合高校として32年振りに甲子園に出場した．以後は常連校として活躍，16年には春夏連続してベスト8に進んでいる．OBに前田三夫帝京高校監督がいる．

専大松戸高（松戸市，私立）
春1回・夏1回出場
通算0勝2敗

1959年に創立し，同時に創部．2007年冬に竜ヶ崎一高，藤代高，常総学院高の3校を甲子園に導いた持丸修一監督が就任し，15年夏に初出場．21年選抜にも出場した．

拓大紅陵高（木更津市，私立）

春4回・夏5回出場
通算10勝9敗，準優勝1回

1978年木更津紅陵高校として創立．80年拓殖大学紅陵高校と改称．

創立と同時に創部し，84年選抜に初出場するといきなりベスト8に進出，92年夏には準優勝した．2004年選抜を最後に出場していない．

千葉高（千葉市，県立）

春0回・夏6回出場
通算2勝6敗

1878年千葉中学校として創立．86年千葉県尋常中学校，99年県立千葉中学校と改称．1948年の学制改革で県立千葉高校となる．50年県立千葉第一高校と改称したが，61年に千葉高校に戻った．

1897年創部．1931年夏に甲子園初出場．戦前に4回出場し，36年夏にはベスト8に進む．戦後も50年夏と53年夏に出場している．

千葉敬愛高（四街道市，私立）

春0回・夏2回出場
通算0勝2敗

1925年に関東中学校として創立．48年の学制改革で千葉関東高校となる．58年千葉敬愛高校と改称．

26年創部，28年夏に関東中として甲子園初出場．34年夏にも出場したが，戦後は1度も出場していない．

千葉経済大付高（千葉市，私立）

春2回・夏3回出場
通算9勝5敗

1934年千葉女子商業学校として創立．48年の学制改革で千葉女子経済高等学校となり，54年男子部を併設して千葉経済高等学校と改称．93年千葉経済大学附属高等学校となる．

55年創部．2004年夏甲子園に初出場するといきなりベスト4に進出して一躍強豪校の仲間入りを果たした．以後5年間で春夏合わせて5回出場，08年選抜でもベスト4に進んでいる．

千葉商（千葉市，県立）

春1回・夏7回出場
通算5勝8敗

1901年千葉町立千葉商工補習学校として創立．18年千葉商業補習学校を経て，21年市立に移管．23年市立千葉商業学校と改称．48年の学制改革で市立千葉商業高校となり，50年県立に移管した．

31年に創部し，39年夏に初出場．40年夏はベスト8まで進んだ．戦後も

70年代まで出場を重ね，70年選抜ではベスト8に進んでいる．

中央学院高（我孫子市，私立）

春1回・夏1回出場
通算0勝2敗

1970年に創立し，翌71年に創部．2018年選抜で初出場，明徳義塾高校と対戦し，9回裏2死無走者から逆転サヨナラ3ランホームランを打たれて敗れた．続いて夏も出場した．

銚子商（銚子市，県立）

春8回・夏12回出場
通算39勝19敗，優勝1回，準優勝2回

1900年千葉県銚子中学校として創立し，翌01年県立銚子中学校と改称．05年いったん廃校して組合立銚子中学校となったが，09年これも廃校となり，同年県立銚子商業学校として再興した．48年の学制改革で銚子商業高校と改称．50年県立銚子高校に統合されたが，53年に銚子商業高校として再独立した．2008年銚子水産を統合．

1900年創部．53年春に甲子園初出場．62年斉藤一之監督が就任して強豪となり，65年夏は準優勝，74年夏には全国制覇した．80年代以降は出場回数が減少しているが，95年選抜では準優勝している．近年では2005年夏に出場．

東海大浦安高（浦安市，私立）

春1回・夏2回出場
通算4勝3敗，準優勝1回

1955年に東京都渋谷区に創立された東海大学附属高校が前身．75年千葉県浦安に移転して，東海大学附属浦安高校として開校した．

75年創部．82年夏に甲子園初出場．2000年夏には決勝まで進んで準優勝している．その後は出場していない．

東海大市原望洋高（市原市，私立）

春2回・夏1回出場
通算0勝3敗

1883年に開校した女子独立学校が母体．1910年精華高等女学校となる．73年に新宿区から千葉県市原市に転じ，75年東海精華女子高校，77年東海大学精華女子高校となり，86年共学化して東海大学附属望洋高校，2016年東海大学附属市原望洋高校と改称．

1986年創部．東海大望洋高校時代の2010年選抜に初出場．14年夏，17年選抜にも出場している．

習志野高（習志野市，市立）

春4回・夏9回出場
通算26勝11敗，優勝2回，準優勝1回

1957年市立習志野高校として創立し，同時に創部．62年夏に甲子園初出場，67年夏には石井好博投手で全国制覇した．以後全国的な強豪校として活躍，72年石井が監督となって，75年夏に2度目の優勝．近年では2011年夏にベスト8に進み，19年選抜では準優勝している．出場回数はそれほど多くないが，甲子園での勝率は高い．

成田高（成田市，私立）

春2回・夏7回出場
通算11勝9敗

1887年に創立された成田英漢義塾が前身．98年成田中学校として創立された．1948年の学制改革で成田高校と改称．

創部は00年とも02年ともいう名門．46年の戦後初となる夏の全国大会に初出場，初戦の京都二中戦では微妙な判定で敗れた．47年夏と52年夏にはベスト4に進出．55年夏を最後に低迷していたが，90年夏に35年振りに復活．2010年夏にはベスト4まで進んだ．

柏陵高（柏市，県立）

春1回・夏1回出場
通算3勝2敗

1978年に創立し，同時に創部．91年印旛高校で甲子園準優勝した蒲原弘幸監督が就任して強くなり，99年選抜で初出場．続いて夏も出場してベスト8まで進んだ．

八千代松陰高（八千代市，私立）

春1回・夏1回出場
通算0勝2敗

1978年に創立し，同時に創部．当時としては史上最短記録だった3年目の80年選抜に初出場を果たした．98年夏にも出場している．

⚾千葉県大会結果（平成以降）

		優勝校	スコア	準優勝校	ベスト4		甲子園成績
1989年		成東高	1－0	拓大紅陵高	習志野高	八千代松陰高	2回戦
1990年		成田高	6－2	暁星国際高	習志野高	千葉商大付高	2回戦
1991年		我孫子高	2－0	銚子商	銚子西高	拓大紅陵高	3回戦
1992年		拓大紅陵高	2－1	二松学舎南高	銚子商	印旛高	準優勝
1993年		市立船橋高	4－0	成田高	東京学館高	中央学院高	ベスト4
1994年		志学館高	8－7	成田高	東海大浦安高	市立船橋高	初戦敗退
1995年		銚子商	4－3	拓大紅陵高	暁星国際高	成田高	3回戦
1996年		市立船橋高	6－1	二松学舎南高	八千代松陰高	木更津中央高	2回戦
1997年		市立船橋高	5－2	流経大柏高	検見川高	横芝敬愛高	ベスト8
1998年	東	八千代松陰高	1－0	成田高	銚子商	中央学院高	初戦敗退
	西	市立船橋高	4－2	東海大浦安高	柏陵高	市立柏高	初戦敗退
1999年		柏陵高	1－0	市立銚子高	市立船橋高	成田高	ベスト8
2000年		東海大浦安高	4－1	木更津中央高	八千代松陰高	市立船橋高	準優勝
2001年		習志野高	6－0	東海大望洋高	市立銚子高	市立船橋高	3回戦
2002年		拓大紅陵高	4－0	中央学院高	千葉英和高	佐倉高	初戦敗退
2003年		木更津総合高	4－2	志学館高	市立柏高	市立船橋高	2回戦
2004年		千葉経済大付高	5－1	習志野高	木更津総合高	八千代松陰高	ベスト4
2005年		銚子商	5－3	拓大紅陵高	若松高	木更津総合高	3回戦
2006年		千葉経済大付高	5－3	拓大紅陵高	習志野高	市立稲毛高	初戦敗退
2007年		市立船橋高	9－1	木更津総合高	安房高	東海大浦安高	初戦敗退
2008年	東	木更津総合高	2－0	東海大望洋高	成田高	成田国際高	2回戦
	西	千葉経済大付高	2－1	沼南高	東京学館船橋高	敬愛学園高	2回戦
2009年		八千代東高	5－4	拓大紅陵高	流経大柏高	習志野高	初戦敗退
2010年		成田高	1－0	東海大望洋高	習志野高	専大松戸高	ベスト4
2011年		習志野高	14－2	東京学館浦安高	拓大紅陵高	流通経済大柏高	ベスト8
2012年		木更津総合高	9－0	柏日体高	松戸国際高	専大松戸高	初戦敗退
2013年		木更津総合高	6－5	習志野高	専大松戸高	東海大望洋高	3回戦
2014年		東海大望洋高	13－2	専大松戸高	東海大浦安高	柏日体高	初戦敗退
2015年		専大松戸高	7－3	習志野高	木更津総合高	中央学院高	初戦敗退
2016年		木更津総合高	3－2	市立船橋高	千葉経済大付高	習志野高	ベスト8
2017年		木更津総合高	4－3	習志野高	東海大市原望洋高	検見川高	初戦敗退
2018年	東	木更津総合高	10－2	成田高	東海大市原望洋高	志学館高	3回戦
	西	中央学院高	6－2	東京学館浦安高	習志野高	市立船橋高	初戦敗退
2019年		習志野高	8－1	八千代松陰高	木更津総合高	市原中央高	2回戦
2020年		木更津総合高	2－1	専大松戸高	八千代松陰高	市立船橋高	（中止）

やきもの

芝原人形（犬）

地域の歴史的な背景

千葉県内におけるやきものは、伝統的な産業としては存在しない。だが、土器は、古代から焼かれていた痕跡がある。焼成温度の低い土器づくりは、おそらく身近な所で採掘した粘土を使ってなされていたのだろう。

須恵器（すえき）が出現して焼成温度の高いやきものが焼かれるようになると、県内で採掘できる粘土にはそれに対応できる良質なものはなく、次第にやきものづくりが衰退していったと思われる。

近世・近代になっても、状況は変わらなかったが、わずかに土人形が焼かれるようになった。

主なやきもの

土人形（つちにんぎょう）

明治初期に、長南町芝原（長南郡）で焼かれるようになったのが芝原人形である。東京浅草の今戸焼系で、型抜きといって粘土板を抜型に入れて乾燥させ、それを素焼（すやき）して、胡粉（ごふん）を掛けて泥絵の具で彩色する。内裏雛や十二支、招き猫、恵比寿・大黒などの縁起物が中心である。特に、明治期のレトロ調をよく表現しており、顔には牡丹（ぼたん）色のくまどりをし、着物には黄色の菊の花をあしらうなど、素朴な中にも華やかさがあって味わい深い郷土玩具である。一時廃絶したが、復活して現在に至る。古今の芝原人形は、長南町の郷土資料館に展示されている。

なお、明治30（1897）年の頃には、飯岡町（旭市）でも飯岡人形が焼かれるようになり、昭和30（1955）年頃まで続いたが、現在はつくられていない。

新興の窯

やきものに関して伝統的な素地（きじ）のない千葉県であるが、首都圏に隣接する地の利もあって、県内出身者の他に県外から移住してくる陶芸家も多く、作家活動が多くみられるようになってきてもいる。

例えば、益子町（栃木県）出身で代々が窯元の神谷紀雄（かみやのりお）が昭和39（1964）年に千葉市内に登り窯を築き、青磁を中心とした創作活動を行っている。また、昭和48（1973）年には、有田町（佐賀県）出身で、やはり代々が窯元の上瀧勝治（うわたきかつじ）が佐倉市内に磁器を中心とした勝山窯を開窯した。特に布染彩磁の磁器壺（つぼ）などが知られる。

さらに、久遠窯は、平成10（1998）年、矢部（木更津市）の丘陵地に開かれた。ここで焼かれたものを、かずさ焼という。かずさ焼は、地元の赤土と白土を使い、茶色から深みのある黒色を呈した重厚感のある置物や花器、木更津市のシンボル狸をモチーフにした作品などがある。

Topics ● 国立歴史民俗博物館

千葉県佐倉市にある国立歴史民俗博物館は、日本の歴史・民俗学・考古学について総合的に研究・展示する総合博物館である。古文書・古記録・絵図などの歴史資料、考古学資料・民俗資料など、展示総点数は約9000点、収蔵資料数は約22万点にも及ぶ。

日本政府が「明治百年」記念行事の一環として国立歴史民俗博物館の設置を決定したのは、昭和41（1966）年のこと。明治時代に佐倉連隊の施設が置かれていた佐倉城址の一角が建設地となった。

開館は昭和56（1981）年4月。周辺は佐倉城址公園として整備され、連隊当時に平削・埋立された遺構の一部（馬出し・空堀・土塁など）が復元されている。

常設展示は、土器や石器のような長期展示が可能なものを除いて、実物資料の代わりにレプリカを多用している。常設展示されていない実物資料は企画展で公開されることもある。

Ⅳ

風景の文化編

地名由来

名族「千葉氏」の本拠地

現代ではマンガ家のちばてつや、幕末では剣豪千葉周作など、「千葉」姓を名乗る人は多い。この「千葉」という姓は遠くたどれば、今の「千葉県」の県名になっている「千葉氏」につながっていると考えられる。

千葉市の中心にある猪鼻山に、今は城の形をした郷土館が建つが、ここに居城したのが千葉氏であった。千葉氏はもともと桓武平氏の流れを汲む豪族だったが、源頼朝が伊豆石橋山で敗れて房総に逃げ延びた際、千葉常胤（1118～1201）が頼朝を助け、結果として鎌倉幕府を開くことに貢献したことにより、一躍歴史に登場した。とりわけ、文治5年（1189）の奥州戦争には東海道大将軍として参戦し、多大な貢献をなしたことにより、全国各地に勢力を伸ばした。東北地方に千葉姓が多いのはそのような歴史的経緯によっている。

現在の千葉県は、南から言うと「安房国」「上総国」の全域、および、「下総国」のかなりの部分を合わせた広さを誇っているが、3つ以上の国を統合してできた府県は、千葉県を除けば静岡県・三重県・京都府・兵庫県・岡山県しかない。

廃藩置県を経て、千葉県には明治4年（1871）11月、「印旛県」「木更津県」「新治県」ができるが、「新治県」は茨城県に統合されていき、残された「印旛県」と「木更津県」が統合されて「千葉県」となったのは明治6年（1873）6月のことである。県庁は千葉町に置かれたが、この辺りがいちばん適当と判断されたのだろう。

それまで1,000年以上も続いた政治の中心地は館山（安房国）、市原（上総国）、市川（下総国）であった。そのうち館山は余りにも遠すぎた。また市川ではあまりにも東京に近すぎる。とすると地理的には房総半島の要に位置する現千葉市辺りが適当と判断されたのであろう。当時千葉町は佐倉藩の管轄にあり、人口2,000人くらいの小さな漁村であった。「千葉県」

の名称の由来は、この地一帯が下総国の「千葉郡」であったことによる。

とっておきの地名

①行行林（おどろばやし）

昭和30年（1955）まで船橋市にあった町名だが、今は「鈴身町」となっている。「行行林」と書いて「おどろばやし」と読む。江戸時代から「行行林村」とされていた。どうやっても読めない難読地名だが、この「オドロ」は間違いなく「棘（おどろ）」、つまり「草木が乱れ茂っている状態、またはその場所」の意味である。「棘」は古語の「おどろおどろし」につながる。今は開発が進んで草木も少なくなっているが、数十年前まではまさに「おどろおどろしい」状態であった。

「私がここに嫁に来た頃は、行っても行っても林だったですよ」——その当時現地で聞いた古老の話である。

②木下（きおろし）

明治22年（1889）に「木下町（きおろしまち）」が成立し、昭和29年（1954）に「印西町」となり、平成8年（1996）「印西市」となって今日に至っている。古来、利根川は「坂東太郎」と呼ばれて江戸湾に注いでいたが、家康が江戸に幕府を開いたことにより、江戸を護るという意図で、利根川を銚子方面に流れていた常陸川につけ替えた。

木下は利根川を利用した舟運の根拠地で、「木下河岸」はとりわけ銚子と江戸を結ぶ中間地帯にあって賑わった。銚子から運ばれた魚はこの木下河岸で下され、ここから松戸を経て日本橋に陸路運ばれた。これが今に残る木下街道である。

「木下」と書いて「きおろし」と読んだのは単純な事実からで、この周辺で伐採された木材を利根川に下して、舟（千石船）で江戸方面に送ったということに由来している。

③酒々井（しすい）

こんな伝説がある。

昔々、印旛沼の近くの村に年老いた父親と孝行息子が住んでいた。父親はとてもお酒が好きで、孝行息子は毎日酒を買いに出ていたそうだ。ところが、ついにお金が底を突き、お酒が買えなくなってしまった。困った息子が一人歩いていると、どこからともなくプーンとお酒の香りが漂ってきた。近くに寄ってみると、井戸の中にお酒が湧いているではないか。息子はその酒を持って家に帰り、その後も親孝行をした――という話である。

酒が湧くという話は全国どこにでもある。湧いてほしいという人々の願望のなせるわざである。酒々井町は栄町とともに、印旛郡ではただ2つ残された町の1つである。

④蘇我（そが）

日本武尊が相模国から上総国に渡る時に嵐に遭い、その海神を鎮めるために、同行していた弟橘媛が入水し、そのお蔭で日本武尊が無事上総国に渡れたということは記紀に書かれている通りである。結局弟橘媛は亡くなってしまったのだが、その弟橘媛とともに5人の姫も海に身を投じたとされる。そのうちの1人が蘇我氏の娘であり、その娘は無事に今の千葉市の浜にたどりついて「我蘇り！」と叫んだという伝承がある。

「我蘇り！」と叫んだというのはフィクションだが、15代応神天皇はいたく感激し、蘇我氏の一族を特別に国造として派遣し、この地を治めさせたという。今の蘇我には「蘇我比咩（そがひめ）神社」が鎮座し、その伝承を今に残している。

⑤匝瑳（そうさ）

全国でも有数の難読地名。平成18年（2006）、八日市場市と匝瑳郡野栄町（のさかまち）が合併して「匝瑳市」が誕生した。古来あった下総国匝瑳郡（そうさのこおり）の郡名から命名した。大化の改新以前は「狭布佐」と記されており、「布佐」は「総」であり、麻のことである。ここは麻の産地として全国的に名高かった総国の中でも良質の麻の産地だったと推測される。奈良時代初期の二字好字政策で「匝瑳」と変えた。

⑥習志野（ならしの）

明治天皇が明治6年（1873）近衛師団の演習を視察した際、今後の演習が成功裡に進むことを願って命名したと言われる。演習場は現在の習志野市・八千代市・千葉市・船橋市に広がる広大なエリアで、この台地の地形が大陸の地形に似ているところから演習場として利用され、習志野連隊が置かれたことでも知られる。

⑦二十世紀が丘

松戸市に「二十世紀が丘」が頭につく町名が7つある。「二十世紀が丘柿の木町」に始まって、以下「—戸山町」「—中松町」「—梨元町」「—萩町」「—丸山町」「—美野里町」である。中でも「二十世紀が丘梨元町」に注目してみよう。「梨元」というように、この地は二十世紀梨誕生の地である。

松戸では古くから梨の栽培が行われていたが、明治21年（1888）当時、高等小学校の生徒だった松戸覚之助が、ゴミ捨て場に芽を出していた梨の種を発見して育てたという。10年後に、ついに従来の褐色系のものとは違う黄緑色のみずみずしい実を実らせることに成功し、明治37年（1904）に二十世紀のあけぼのを告げるという意味で「二十世紀」という品種名が与えられた。今では二十世紀といえば鳥取県が有名だが、本家は千葉県であった。

⑧初富

明治になって職を失った武士たちのために、明治政府は下総台地の牧場で開墾に当たらせた。千葉県北部の下総台地は江戸時代は小金牧・佐倉牧として馬の生産地として知られ、広大な荒れ地が広がっていた。「初富」を第一の開墾地として、以下「二和」（船橋市）「美咲」（船橋市）「豊四季」（柏市）「五香」（松戸市）「六実」（松戸市）「七栄」（富里市）「八街」（八街市）「九美上」（佐原市）「十余一」（白井市）「十余二」（柏市）「十余三」（成田市）と13番目まで続く。

この地名のつけ方を見ると、苦しい開墾生活を余儀なくされた武士たちの切なる気持ちが伝わってくる。

⑨富津

「富津」という地名は、古く江戸時代からあった地名で、いくつかの村を合併して「富津町」が成立したのは明治30年（1897）のことである。戦後さらに合併を重ね、昭和46年（1971）に「富津市」になった。

中世には「古戸」と書かれているが、これは「古津」の意味で、市原郡にあった「今津」に対応するものだと言われている。東京湾はこの富津と対岸の横須賀（神奈川県）を結ぶ線で「内湾」と「外湾」に分かれている。古来、この線が東海道のルートで、かの日本武尊もこのルートを渡って上総国に入ったと伝えられる。

⑩真間（まま）

真間の手児奈伝説で知られる。

その昔、市川の真間に手児奈という美しい娘が住んでいた。身なりは素朴だったが、その美しさの余り、多くの若者が求婚した。しかし二人の若者の愛に応えることはできないとして真間の入り江に身を投げてしまった——という話である。

「真間」というのはもともと「崖」の意味である。昔はこの辺りまで海が浸食しており、手児奈は崖の上から身を投げたとされる。手児奈霊神堂の後ろの亀井院という寺院には、手児奈が水を汲んだと伝わる井戸が残されている。

難読地名の由来

a.「**海土有木**」（市原市）**b.**「**廿五里**」（市原市）**c.**「**不入斗**」（市原市）**d.**「**神々廻**」（白井市）**e.**「**犢橋**」（千葉市）**f.**「**生実**」（千葉市）**g.**「**三ヶ月**」（松戸市）**h.**「**東風谷田**」（富津市）**i.**「**安食**」（印旛郡栄町）**j.**「**猫実**」（浦安市）

【正解】

a.「あまありき」（海に面した「海士村」と山にある「有木村」が合併したことによる）**b.**「ついへいじ」（鎌倉から25里の地にある）**c.**「いりやまず」（貢租を納めるまでに至らない小集落を意味する）**d.**「ししば」（野性獣が駆け回る土地を意味する）**e.**「こてはし」（「こて」「こっとい」は牛の古称）**f.**「おゆみ」（古代、麻績連（おみのむらじ）が管掌していたことによる）**g.**「みこぜ」（千葉氏の家紋の月星紋に由来する）**h.**「こちゃやつだ」（「こちゃ」は東風のこと）**i.**「あじき」（渡来人の「阿自岐（あじき）」族に由来するか）**j.**「ねこざね」（洪水防止のために松を植え、津波がそれを越えないようにと「根越さね」といったことに由来するという）

商店街

成田山新勝寺門前町（成田市）

千葉県の商店街の概観

千葉県は、様々な地域性を持つ特色豊かな県である。東京に近い県西部は、鉄道沿線を中心に住宅地開発が進み、ベッドタウンとして発展した。県都千葉市を中心とした東京湾沿岸には京葉工業地域が広がり、工業を中心とした発展を見せている。県東部に位置する成田市には、日本の空の玄関口である成田国際空港が建設され、多くの外国人観光客を迎えている。県中央部の八街市や富里市などでは農業が盛んで、農業県としての千葉県の顔も見せてくれる。県南部に目を移せば、太平洋沿いの勝浦市や鴨川市などの観光地として発展した地域もある。こうした様々な地域的特性を持つ千葉県において、商業と商店街がどのような歴史や特徴を持っているのだろうか。

戦後の千葉県の商業や商店街を概観していこう。終戦から高度経済成長期にかけての千葉県の商業および商店は順調に発展を遂げていた。しかし、これらの商店の規模は零細で、家族で営む個人商店が圧倒的に多かった。年間の売上げを見ても、全国平均を大きく下回っていた。この背景には、東京へのアクセス性の良さがある。県都千葉市でさえも、消費者の要望に応えることができる百貨店や専門店が少なく、高級品を求めて東京に買い物に出かける消費者も少なくなかった。このような事情は、千葉市だけではなく、船橋市や市川市などの県西部の都市でも同じことが言えた。全国的に見ても規模が小さな商店が多い状況は、徐々に変化していくことになる。

高度経済成長期に入ると、経済・工業開発の進展や人口増加に伴って、千葉市や船橋市、市川市などを中心に規模の大きな商店の割合も次第に増加していったのである。また、県中央部の佐倉市、県東部の佐原市においても、それぞれ中心部に当たる京成佐倉駅周辺、JR 佐原駅周辺に規模は

【注】この項目の内容は出典刊行時（2019年）のものです

大きいとは言えない商店街が立地している。県東部の銚子市では、1960年代中頃から市内中心部にいくつかの商店街が形成され、大変な賑わいを見せた。県南東部に位置する勝浦市は、日本三大朝市の1つに数えられる朝市が有名で、現在でも「勝浦中央商店街」周辺で開催され、多くの買い物客で賑わっている。

大規模商業施設の増加は、近隣の商店街に大きな影響を与えた。地域に根ざした既存の商店街は、こうした大規模商業施設の進出によって、激しい競争にさらされ、脱落する商店街も増えていき、駅前の商店街でさえも、空き店舗が目立つシャッター通りへと変貌した。高度経済成長期の自家用車の普及による買い物行動の変化も、シャッター通り化に拍車をかけた。なんとか存続し細々と経営を続けていた個人商店も、やがて、後継者問題に直面し、閉店を余儀なくされることも多々あった。このような影響は、今もなお続いており、県内各商店街が抱える問題点となっている。そのなかでも、各商店街は、地元の特色や歴史、文化を活かして、商店街を盛り上げるために努力を重ねている。その様子を、千葉市、成田市、館山市、船橋市、銚子市を事例として、ここでは紹介していきたい。

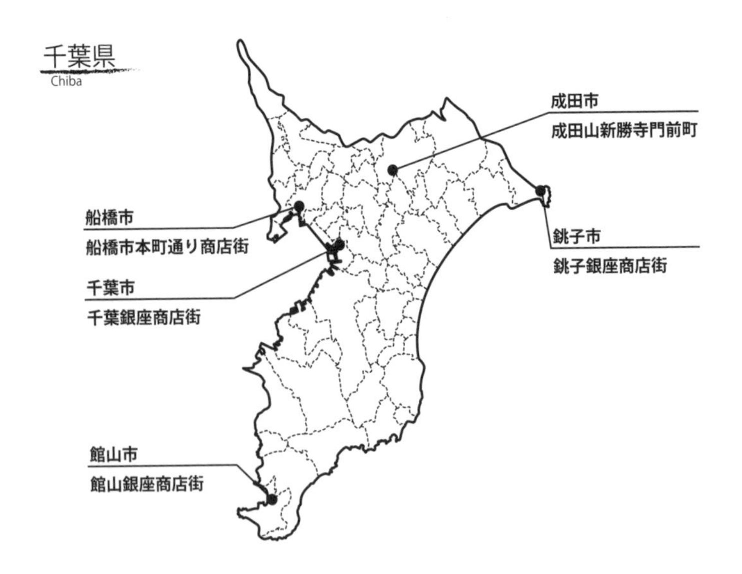

行ってみたい商店街

千葉銀座商店街（千葉市）

―県都千葉を代表する商店街―

県内最多の約97万人が住む千葉県唯一の政令指定都市である千葉市は、千葉県庁や千葉銀行本店、イオン本社、ミニストップ本社などが立地する千葉県の政治・経済の中心地である。さらに、千葉港を中心に製鋼業や石油化学工業などの大規模な工場が立ち並ぶ京葉工業地域が広がっており、工業都市としての一面も持っている。千葉市は戦後大規模な海岸埋立事業を実施し、現在の千葉市美浜区と京葉工業地帯は、この時に完成した埋立地に立地している。この埋立地には、幕張メッセや高層オフィスビルが立地する幕張新都心も開発された。

千葉銀座商店街は、千葉都市モノレール葭川公園駅の東側に位置している。この地区は、千葉県庁や千葉市中央区役所などが立地する官庁街であり、多くのビジネスマンが行き交っている。千葉銀座商店街には、100を超える販売店、サービス店、飲食店が立地しており、約1カ月に1度のペースで歩行者天国となり、フリーマーケットなどのイベントが開催され、多くの買い物客を集めている。加えて、2007年にはプラネタリウムと食料品店が入る複合施設Qiball（キボール）が開業し、親子連れの買い物客も増加した。こうした取組みや新しい商業施設の開業によって、千葉銀座商店街には、2008年現在空き店舗がなく、既存の商店街と新しい商業施設が共存している例と言える。

千葉銀座商店街が位置する千葉市中心部には、近年多くの高層マンションが建設され、20～40歳代の若い子育て世代の人口流入が続いている。こうした若い子育て世代の育成・交流を図るために、千葉銀座商店街では、近隣中学校の職場体験実習に力を入れている。この職場体験実習を通して、中学生が地元の商店街への愛着を持つようになっている。

成田山新勝寺門前町（成田市）

―歴史と情緒ある門前町―

成田市と聞いて、最初に思い浮かべるのは成田国際空港であろう。日本を代表する国際空港で、日本の空の玄関口である。この成田国際空港が整備される前までは、成田市は成田山新勝寺の門前町として栄え、のどかな田園地帯が広がる地方都市であった。

成田山新勝寺門前町は、JR成田線成田駅から成田山新勝寺までを結ぶ商店街である。成田山新勝寺の参拝客のために、多くの旅館や飲食店、土産物屋が立ち並んでおり、創業100年を超える老舗も珍しくない。特に、大野屋旅館は、門前町でも珍しい戦前に建てられた建造物で、国の登録有形文化財に指定されている。こうした歴史ある建造物が残っている成田山新勝寺門前町は、江戸時代の門前町そのままの情景が広がっており、訪れる者にどこか懐かしい感情を抱かせる街である。この歴史情緒ある雰囲気を求めて現在も多くの参拝客や観光客で賑わっている。特に、7月に開催される成田祇園祭では、10台の山車が繰り出し、参道を威勢よく駆け上っていく姿を見ることができる。毎年多くの見物客で賑わう大イベントである。さらに、成田という土地柄から外国人観光客も近年増加している。

門前町としての景観や雰囲気を損なわないように、成田市は電線類地中化事業を開始した。2000年から門前町で順次開始され、2006年には京成成田駅周辺地区の地中化事業が完了した。2005年には、美しい街並みが国土交通省の都市景観大賞「美しいまちなみ大賞」を受賞した。

このような門前町としての景観や雰囲気を保つための取組みや努力によって、関東地方を代表する門前町として賑わいを見せている。

館山銀座商店街（館山市）

―県南の中心地を支える商店街―

JR内房線館山駅東口を出ると、館山銀座商店街はある。この商店街には、洋服をはじめ、メガネや貴金属、食料品、雑貨を扱う店があり、周辺住民の生活を支えている。しかしこの商店街も、全国各地の地方都市の商店街と同様に、郊外への大型商業施設の進出によって客足は減少し、空き店舗も目立つ状況となっている。近年の館山市は、1997年の東京湾アクアライン開通、2007年には館山自動車道路が全面開通したことによって、東京・神奈川方面からの自動車によるアクセス性は大きく向上し、観光客の増加も見込める条件は整いつつある。しかし、こうした観光都市としての成長の可能性を感じさせる館山市であるが、観光客の増加にはつながっていないのが現状である。

館山市は、『南総里見八犬伝』の舞台となったことでも知られている。近年、館山市は、この『南総里見八犬伝』を活用したアピールを盛んに行っており、こうした活動には館山銀座商店街も加わっている。館山銀座商店街では、手づくり甲冑教室を毎年開催しており、参加者によってボール紙製の甲冑がつくられている。こうしてつくられた甲冑を着用した甲冑隊は、毎年10月に開催される南総里見まつりのパレードに参加している。このまつりでは甲冑隊の武者行列や山車、神輿など見ごたえのあるイベントが開催されており、多くの見物客が訪れている。こうした館山市固有の歴史を題材としたイベントが盛り上がることによって、少しでも商店街の利用者増加につながることを期待したい。

船橋市本町通り商店街（船橋市）

―ベッドタウン船橋の中心地―

船橋市本町通り商店街は、JR船橋駅南口に位置する。JR船橋駅の南側を抜け、京成船橋駅の高架をくぐり、さらに南に行くと、東西に伸びる商店街にたどり着く。この商店街は、旧成田街道の宿場町として、また、意富比神社（船橋大神宮）の門前町として昔から栄えてきた商業地域で、現在も船橋市の中心商店街の役割を果たしている。商店街には、食料品店や雑貨店など生活に必要なものは一通り揃っており、多くの主婦で賑わっている。近年商店街周辺に、相次いでマンションが建設され、周辺人口は増加しており、商店街利用客の増加が望まれる。しかし、ほかの地方都市同様、郊外型の大型商業施設の完成に伴い、商店街利用客は減少している。

こうしたなか、本町通り商店街は、集客のために様々な事業を実施している。そのなかでも特に力を入れている事業は、ダイヤモンドポイントカードと駐車券サービスなどである。さらに、地域貢献活動として、「きらきら夢ひろば」を開催している。ダイヤモンドポイントカードとは、買い物で貯めたポイントを買い物代金の支払いのほか、ミュージカルやテーマパークのチケットなどと交換できるサービスであり、2009年3月現在2万4,700枚を発行している。駐車券サービスは、サービス参加店舗で買い物や飲食をすると、周辺13カ所のコインパーキングを利用できる駐車券を受け取れるサービスである。きらきら夢ひろばでは、船橋市内で活動するNPO法人（特定非営利活動法人）と連携して、毎年各種講座やゲームを開催している。商店街周辺に新しく建設されたマンションに住む新住民と旧住民との交流の場として利用されている。

銚子銀座商店街（銚子市）

―漁港の町銚子の歴史と文化を感じさせる商店街―

銚子銀座商店街は、銚子市東部に位置している。最寄駅は銚子電気鉄道観音駅で、飯沼山園福寺の門前町として、戦後間もない頃から繁盛していた。1960年代後半から1970年代前半には、歩行者天国、飯沼観音境内でのイベント、ショッピングセンター屋上のミニ遊園地などを楽しみに近隣市町村からも多くの買い物客が訪れていた。商店街の長さは510mで、食料品や日用品を買うことができる商店が並んでいる。しかし、シャッターが下りた店舗も目立ち、どこか寂しい雰囲気を醸している。

買い物客や観光客を呼び込むために、商店街にはいくつかのモニュメントが設置されている。万祝モニュメントや大漁節を踊る子どもなど漁師町銚子のイメージに合うモニュメントである。また､｢門前町･街並み散策マップ」も作成されている。これは、銚子市内に点在する歴史的建築物や石碑を巡り、銚子の歴史をたどることができるものだ。商店街周辺には、「国木田独歩ゆかりの地」の案内板、幕末から明治時代にかけて多くの生徒を集めた守学塾跡の石碑などがある。また、毎月第4日曜日に、商店街で「門前・軽トラ市」が開催されている。この日、商店街は歩行者天国となり、音楽演奏や展示なども行われ、多くの買い物客や観光客を集めている。

コラム

幕張新都心とイオンモール

千葉県は1973年から千葉市幕張の埋立造成地に国際交流機能や国際的・中枢的業務機能、学術機能等の一体的集積を目指し、東京への一極集中解消の受け皿にもなってきた。幕張メッセ、ワールドビジネスガーデン、放送大学などがあり、大都市の都心部の様相を呈している。イオンは2013年に延べ床面積40万 m^{2}を超えるイオンモール幕張新都心店を新規開店した。

イオンのような巨大なショッピングセンターは地域のインフラストラクチャーとして機能し、地域活性化の重要な要素となっている。収益が減少したからといって簡単に撤退することが困難となっており、人口減少地域でも撤退せずに収益性を高める努力が求められている。

花風景

成田ゆめ牧場のヒマワリ

地域の特色

南に突き出た房総半島が太平洋と東京湾に面し、北部に下総台地、南部に房総丘陵が広がり、台地両側には利根川と江戸川が流れ、低地、湿地、沼地をつくっている。下総台地は関東ローム層に覆われ、水に乏しく、近世には幕府直轄の野馬の放牧地になった。房総丘陵は全体に低いが、鹿野山九十九谷などの早壮年期の急傾斜の浸食地形や館山・鴨川などの地溝帯の平野が見られる。太平洋に接した温暖な自然地域として大都市圏の野外レクリエーションの場となっている。

花風景は、都市近郊の近現代の都市公園のサクラ名所、温暖な南房総ならではの多彩な栽培用花畑、近世の蘭学の地にちなむ草花、観光の観賞用花畑やバラ園、水郷の湿原植物やなりわいの花などが特徴的である。

県花はNHKなどの公募でナノハナ（菜の花）と定められた。ナノハナはアブラナ科アブラナ属のさまざまな種を含む総称で、厳密には植物名ではアブラナ、作物名としてはナタネなどが適切である。本来、菜種油や食用菜花を取るための作物であるが、一面に咲く黄色い花と緑の葉や茎が美しく、春の風物詩として鑑賞される栽培花にもなっている。

主な花風景

泉自然公園のサクラ　＊春、日本さくら名所100選

泉自然公園は、千葉市の中心部から東南東約11キロに位置する約42.5ヘクタールの風致公園で、大部分が東千葉近郊緑地特別保全地区に含まれている。1969（昭和44）年6月に開園した。北総台地の起伏に富んだ地形をいかした園内では、四季折々の自然の風景が楽しめ、サクラやスギ林に囲まれた草原やお花見広場、県木広場、花木の広場、梅林、紅葉園などが整備されている。園内を彩る5種類、約1,500本のサクラはお花見広場に多

凡例　＊：観賞最適季節、国立・国定公園、国指定の史跡・名勝・天然記念物、日本遺産、世界遺産・ラムサール条約登録湿地、日本さくら名所100選などを示した

く見られるが、そこには、下総御料牧場（成田市三里塚）から譲り受けたソメイヨシノ100本も植えられている。

清水公園のサクラ　＊春、日本さくら名所100選

1894（明治27）年にキッコーマン醤油の醸造家の一人である柏家5代目当主茂木柏衛が、第1公園付近に遊園地を建設したのが清水公園の始まりで、現在は株式会社千秋社が管理運営している。開園当時は聚楽園を名乗っていたが、地名が清水だったことから通称として「清水公園」と呼ばれるようになりその名前が定着した。1929（昭和4）年、本多静六林学博士の設計で、大幅な拡張が行われ、第2公園が新たに加わった。27（同2）年に植栽したのを皮切りに、現在、約28ヘクタールの園内に、50種、約2,000本のサクラが植えられている。園内のみならず、清水公園駅から公園まで続く参道や、公園外周にもサクラが植栽されている。園内の金乗院境内にある「劫初の桜」は、明治初年に植えられた古いサクラの幹から若い幹根が生じ、新しい生命を得て再生した様子にちなみ、89（平成元）年4月に「世の始まり」を意味する「劫初」の名が付けられた。

茂原公園のサクラ　＊春、日本さくら名所100選

茂原駅の西方約2キロに位置する茂原公園は、昭和の初期に藻原寺の境内の裏山に開設された公園である。広さ15ヘクタールの園内には、遊歩道、多目的広場、野外ステージなどが設けられ、弁天湖の周囲には、ソメイヨシノ、八重咲のサトザクラ、ヤマザクラなどを中心に2,850本のサクラが植えられている。園内にある道表山の山頂からは、市内はもとより遠く九十九里浜を眺めることができる。3月下旬から4月上旬に桜まつりが行われる。

南房総のお花畑　＊冬、南房総国定公園

海洋性の温暖な気候の南房総は、年間を通して気温変動が少なく、冬でも露地栽培ができるほどで、季節ごとに色とりどりの旬の花が見られ、花をテーマにした公園やレジャー施設もたくさん揃っている。南房総市の千倉から館山市へと約40キロ続く「房総フラワーライン」沿いでは、ナノハナ、ポピーなどたくさんの花畑が1月から3月にかけて見頃を迎え、ドラ

イブコースを彩る。南房総市千倉町の白間津では、1月から3月にかけて、ポピー、キンセンカ、ストック、ナノハナなどの花が咲き揃い、花摘みが楽しめる。同市和田町の山の斜面を切り開いて花の栽培が行われている真浦天畑と呼ばれる場所は、田宮虎彦の小説『花』の舞台にもなり、1989（平成元）年に『花物語』として映画化された時には、ロケ地として使われた。しかしながら、花農家の高齢化や後継者不足などもあり放置される畑も増え、雑草や竹が茂って荒れてしまったが、何とか以前の風景を取り戻そうと、地域の有志が2008（平成20）年に「真浦天畑保存会」を結成し、整備に取り組み、現在では、元の姿を取り戻しつつある。房総は、越前、淡路島と共に日本三大水仙群生地で、鋸南町にある江月水仙ロードでは、スイセン畑が道路の両脇約3キロにわたり、山野斜面を埋め尽くしながら点在している。をくづれ水仙郷は鋸南町の佐久間ダム湖の北側に位置し、数千万本のスイセンが植えられ、約1キロの散策コースが整備されている。

佐倉ふるさと広場のチューリップ　＊春

佐倉とオランダとの関係は、江戸時代にさかのぼる。当時、佐倉藩主であった堀田正睦公は、藩学に蘭学を積極的に取り入れ、全国でも蘭学が盛んな藩となった。「西の長崎、東の佐倉」といわれたほど、佐倉藩の蘭医学は全国に知られた。佐倉ふるさと広場は、この流れを受け、ふるさと印旛沼の自然とふれ合う交流の場、さらには国際親善の場となるよう、市制40周年を記念して1994（平成6）年に整備された。春には、20種類以上の原種を含む、139種類50万本のチューリップが咲き誇る。この歴史的な交流から佐倉日蘭協会が設立され、日蘭修好380周年を記念して、89（平成元）年より、毎年4月に「佐倉チューリップフェスタ」が開催されている。日本初の水汲み風車「リーフデ」は、歯車など風車の部品は全てオランダで製作し、佐倉に運んで組み立てられた。観光用のため、実用の風車としては利用されていないが、毎秒1トンの水を汲み上げる能力があるという。

成田ゆめ牧場のヒマワリ　＊夏

成田市にある成田ゆめ牧場は、約30ヘクタールの広さの観光牧場で、1987（昭和62）年に一酪農家から転身した。場内には、農業体験、食料を自家製品でつくる体験、釣り堀、小動物コーナーなどがある。7月上旬から8月下旬までの約1カ月間、時期により変わる七つの会場、約1.3ヘクタールで、約10万本のひまわりが楽しめる。ヒマワリ迷路も設けられ、迷路内に設置されたクイズに全問正解するとアイス割引券がプレゼントされる。

京成(けいせい)バラ園・谷津(やつ)バラ園のバラ　＊春・秋

八千代(やちよ)市にある京成バラ園は、バラをコンセプトとした複合施設で、3ヘクタールのローズガーデンには、1,600品種、1万株のバラが系統別に植栽されている。園内を一周すると、オールドローズから最新品種まで、バラの歴史が観覧できる。2015(平成27)年6月に開催された第17回世界バラ会議で「世界バラ会連合優秀庭園賞」を受賞した。

習志野(ならしの)市の谷津バラ園は、1957(昭和32)年に京成電鉄の谷津遊園のバラ園として設立され、88(同63)年から習志野市の経営となった。1.2ヘクタールの敷地に、約800品種、約7,500株のバラが植えられている。名花・名品種と呼ばれるものや、原種および歴史的にも優れた価値を持つ品種が多くある。満開の季節には長さ60メートルのツルバラアーチがバラのトンネルとなる。

水郷佐原(すいごうさわら)あやめパークのハナショウブ　＊夏、水郷筑波国定公園

1969(昭和44)年に、当時の佐原市により佐原市立水生植物園として開園し、市町村合併により旧佐原市が香取(かとり)市の一部となるのに合わせ水郷佐原水生植物園と改称した。さらに、2011(平成23)年に発生した東日本大震災の被災から復興するための再整備の完成に合わせ現在の名前に改称した。約6ヘクタールの園内には、島や橋・水面などを配置して水郷地帯を表現し、江戸・肥後(ひご)・伊勢(いせ)系など400品種150万本のハナショウブが咲き乱れる。6月には「あやめ祭り」が開催され、国の重要無形民俗文化財に指定されている「佐原囃子(はやし)」が園内水路の舟にて披露されるとともに、サッパ舟と呼ばれる小舟で園内の花巡りを楽しむことができる。約300品種のハスも植えられており、7月から8月にかけては「はす祭り」が開催され、象鼻杯(ぞうびはい)(ハスを用いて酒を飲むことを楽しむもの)やはす茶が体験できる。

公園／庭園

戸定が丘歴史公園

地域の特色

千葉県は関東地方南部に位置し、利根川（とねがわ）を県境に茨城県、江戸川を県境に埼玉県・東京都に接し、南に突きでた房総（ぼうそう）半島が太平洋と東京湾に面している。北部に下総（しもうさ）台地、南部に房総丘陵が広がり、台地両側には利根川と江戸川が流れ、低地・湿地・沼地をつくり、隆起海岸平野の九十九里（くじゅうくり）平野と三角州平野の東京湾岸平野が形成されている。下総台地は関東ローム層に覆われ、水に乏しく、近世には幕府直轄の野馬（のうま）の放牧地になり、台地を刻む谷地形には谷津田（やつだ）と呼ばれるわずかな水田がみられる。房総丘陵は断層によって北の上総（かずさ）丘陵と南の安房（あわ）丘陵に分けられ、全体に低いが、鹿野山九十九谷（かのうざんくじゅうくたに）などの早壮年期（そうそうねんき）の急傾斜の浸食地形や館山（たてやま）・鴨川（かもがわ）などの地溝帯（ちこうたい）の平野がみられる。

古くは下総、上総、安房の国に分かれていた。1825（文政（ぶんせい）8）年の初夏、三河田原（みかわたはら）藩の武士で洋画・洋学を身に着けた33歳の渡辺崋山（わたなべかざん）は、武蔵（むさし）・下総・常陸（ひたち）・上総の四州を巡り、道中の素描30図を描いた「四州真景図巻（ししゅうしんけい）」を残す。崋山は当時生活の困窮や心身の衰弱で、悩みぬいて小旅行を行ったらしいが、この絵は実に軽やかで明るい。そこからは草原のさわやかな涼風や芳香、海辺の潮風や潮騒の感覚が伝わってくる。ここには近代の風景が息づいている。自然公園は大都市圏の山・海のレクリエーション地域が中心で、都市公園は遺跡・史跡の他、自然とのふれあいを重視したものが特徴的である。

主な公園・庭園

自 南房総国定公園（みなみぼうそう）房総半島（ぼうそうはんとう）　＊天然記念物

房総半島は突端の野島崎（のじまざき）を境として、穏やかな東京湾に面した内房（うちぼう）と荒々しい太平洋に面した外房（そとぼう）に分かれ、南房総国定公園は内房の富津（ふっつ）岬から館山湾、外房の鴨川から勝浦を経て太東岬にいたる海岸線と、内陸部の鹿野山、鋸山、清澄山などを含んでいる。鴨川から勝浦にかけては「おせんころがし」と呼ぶ豪快な海食崖が連続している。この国定公園は1958(昭和33)年に誕生するが、同じ年に愛知県の三河湾国定公園、大阪府等の金剛生駒紀泉国定公園が誕生する。旧国立公園法が新自然公園法に変わった最初の国定公園の一つであったが、大都市のレクリエーションの場の確保のためであった。

自 九十九里県立自然公園九十九里浜　＊天然記念物

九十九里浜は北の刑部岬から南の太東岬までの約60kmの湾曲した砂浜である。シロチドリ、コアジサシなどの海鳥やハマヒルガオなどの海浜植物が見られる。九十九里県立自然公園はこの砂浜と内陸部の雄蛇ヶ池と洞庭湖からなる。雄蛇ヶ池、洞庭湖は江戸時代に造られた灌漑用の貯水池である。洞庭湖は瀟湘八景の地として中国一の名所であり、これにならって命名した。ともにいわば近世の土木遺産である。千葉県はこの公園を含めて1935(昭和10)年指定の古い県立自然公園が5カ所ある。

都 戸定が丘歴史公園　＊名勝、重要文化財、日本の歴史公園100選

戸定が丘歴史公園は松戸市の南西部に位置する。江戸幕府の最後の将軍である徳川慶喜の異母弟にあたる徳川昭武が明治以降住まいにしたのが戸定邸である。水戸藩最後の藩主でもあった昭武は13歳という若さで将軍名代としてパリ万博に参加し、ヨーロッパを巡った後、フランスで留学生活に入った。帰国翌年には戸定邸の造作を始め、83(明治16)年には29歳の若さで隠居して隅田河畔にあった本邸から移り住んだ。昭武は近くの山川で狩猟や釣りをし、戸定邸では作陶や写真を楽しんだという。その後も建物や庭園を整えてすべての工事が完了したのは90(明治23)年だった。

第二次世界大戦後、昭武の次男武定が松戸市に邸宅と庭園を寄贈した。1986(昭和61)年に千葉県の名勝に指定され、戸定歴史館や梅園などを整備し91(平成3)年に「戸定が丘歴史公園」として開園した。

敷地は小高い丘の上にあり、眼下には江戸川を遠くには富士山を望むことができる。表座敷の庭は、奥に向かって伸びやかに起伏する芝生の周りに作庭当初からのコウヤマキやアオギリの巨木がある。この芝生の庭では

かつて徳川慶喜や昭武の子どもたちがボール遊びに興じていた。増築を重ねた建物は23部屋もある複雑な平面になっており、明治時代の徳川家の住まいの様子がほぼ完全に残されている点で貴重である。建物は2006（平成18）年に「旧徳川家松戸戸定邸」として国の重要文化財に、庭園を含む敷地全体は15（平成27）年に「旧徳川昭武庭園（戸定邸庭園）」として国の名勝に指定された。

都 谷津干潟公園　＊ラムサール条約湿地

谷津干潟公園は習志野市の西部、船橋市と隣接する市街地にある。住宅と道路に四角く囲まれた貴重な自然である。干潟は越冬のためにシベリア、アラスカからオーストラリア、ニュージーランドに渡るシギやチドリが羽を休め栄養を補給する中継地になっている。日本に来るシギ・チドリの約1割がこの小さな干潟に飛来するという。110種類以上の野鳥が観察され、貝やカニなど多くの生き物が生息する。元は広大な干潟の一部だったが、1971（昭和46）年から始まった埋め立てによってわずか40haまで縮小した。埋め立てへの反対と干潟の保護を求める運動が展開された結果、88（昭和63）年には国の鳥獣保護区に指定され、開発から保存へと大きく舵が切られた。東京湾に奇跡的に残された干潟であり、市民参加と環境教育のモデルとして93（平成5）年にラムサール条約湿地に登録された。干潟の周囲には散策道があり1時間半程度で1周できるほか、鳥を観察するための観察壁が設置されている。都心に近い重要な環境教育の場である。

都 三里塚記念公園　＊日本の歴史公園100選

三里塚記念公園は成田市の南、成田国際空港から500m離れたところにある小さな公園である。成田闘争で知られる三里塚は国の政策に翻弄された土地でもある。三里塚周辺は近世までは馬を放し飼いにする「牧」と呼ばれる場所で、1875（明治8）年には下総牧羊場と取香種畜場が開設された。その後宮内庁に払い下げられ下総御料牧場となった。明治時代の終わりには成田と三里塚を結ぶ鉄道が開通し、桜と牧場の行楽地として有名になった。サーカスや旅芸人が集まり大いに賑わったという。1966（昭和41）年に成田国際空港の建設が決まり、牧場は栃木県に移転して事務所があったところに三里塚記念公園が整備された。公園にある三里塚御料牧場記念館には牧場の歴史や皇室関係の資料などが展示されている。当時牧場だった場所は住宅地になったが、一マイル馬場と呼ばれた楕円形の区画だけがカーブを描く道路の形として残されている。

都 加曽利貝塚公園（かそりかいづか） ＊特別史跡、日本の歴史公園100選

東京湾岸には多くの貝塚があり千葉市には120カ所が集中する。貝塚は縄文時代の人々の生活がわかる貴重な証拠で、たくさんの縄文人が海の幸である貝を大量に食べて豊かな暮らしをしていた様子を知ることができる。加曽利貝塚はなかでも大規模で、直径140mの北貝塚と直径190mの南貝塚がある。約5,000年から3,000年前まで人々が貝を食べ狩猟をしながら暮らしていた集落の跡と考えられている。加曽利貝塚の調査研究の歴史は古く、明治時代にはすでに「本邦一の貝塚」として有名になっていた。昭和30年代に宅地造成のために破壊される危機に見舞われたが、加曽利貝塚を守る会が結成され専門家らによる署名運動の結果、1971（昭和46）年に国の史跡に指定された。貝塚では貝層の断面や復元された竪穴（たてあな）住居の集落があり、博物館では土器や人骨が展示されている。

都 幕張海浜公園（まくはりかいひん）

都心から30km離れた場所にある幕張新都心は千葉県の海岸を埋め立ててつくられた人工都市である。1973（昭和48）年に始まった埋立て工事は7年の歳月をかけて完了し、幕張メッセをはじめ新しい都市にふさわしい施設が次々に建設された。千葉市美浜区にある幕張海浜公園はそのセントラルパークともいえる緑地で87（昭和62）年に開園した。面積は72haで内陸に細長く延びる中央地区と海岸沿いの海浜地区に分かれている。全体が七つのブロックに分かれ、日本庭園、広場、プロムナードなど多様な利用ができるように整備されている。プロ野球のスタジアムが隣接し、人工海浜は飛行機のレースなどさまざまなイベントに利用されている。

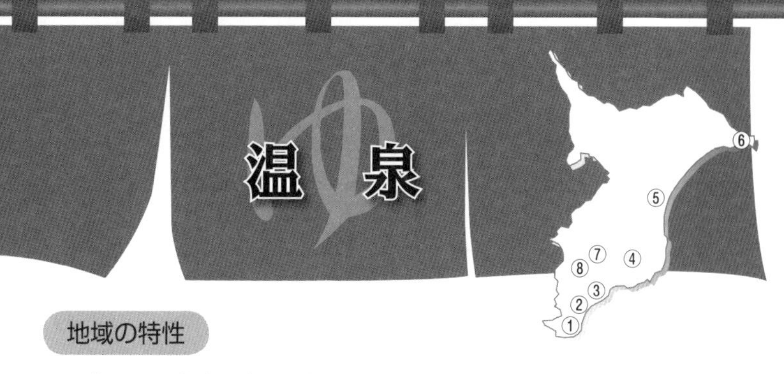

地域の特性

千葉県は、東京の東に広がる房総半島を中心とし、東は太平洋、西は東京湾と浦賀水道の海に囲まれた県である。面積は全国28位、人口は6位にランクされる。平地と丘陵が大半を占め、県の平均標高は45mであり、全国で最も低い。県北部は日本第2の長流である利根川が茨城県境をなし、下総台地と常総台地上は都市化が進んでいる。中部は太平洋岸に南北に長大な九十九里浜平野が形成されていて銚子半島に繋がり、東京湾岸では石油化学や鉄鋼工業地域が連なり、富津岬を境に南は浦賀水道に面して海水浴場、民宿やビワ畑などが展開する。下総台地や南房総では畑作が盛んで、特産の落花生、野菜や花卉が生産され、南部では酪農も盛んである。また、下総台地はゴルフ場に適しており、その数は全国3位である。新東京国際空港（成田空港）が1978（昭和53）年に開港し、世界各地と直結することになり、成田山新勝寺には外国人の参詣客も多い。

◆旧国名：上総、下総、安房　県花：ナノハナ　県鳥：ホオジロ

温泉地の特色

県内には宿泊施設のある温泉地が85カ所あり、源泉総数は156カ所、湧出量は毎分1万4,000ℓで全国38位である。源泉の80％が25℃未満の冷鉱泉であり、加熱が必要である。東京に隣接し、温暖で長い海岸線に沿った立地条件を背景に、年間延べ宿泊客数は266万人に及び、全国18位にランクされる。東京デイズニーランドに近接した温泉ホテルは20万人もの宿泊客を集めており、その他のホテル2軒を加えると40万人にもなる。また、新設された遊園施設の木更津三日月温泉は17万人の宿泊客を集めている。

内房から外房にかけては、観光拠点の館山や白浜、鴨川、勝浦が連続しており、さらに長大な砂浜海岸が続く九十九里浜では、白子テニス民宿地が温泉地としても知られる。房総半島東端の銚子犬吠埼や半島内部の養老

渓谷にも温泉地が展開しており、千葉県は一大温泉県ともなっている。

主な温泉地

①白浜（しらはま） 塩化物泉

県南部、暖かい房総半島の突端に観光拠点の野島崎があり、ホテル、旅館、民宿など温泉浴場をもつ宿泊施設が集中している。湧出泉の温度は25℃未満の冷鉱泉であり、加熱を要する。白浜は南房総国定公園に指定されていて、灯台、厳島神社、海洋美術館、海底透視船などがある。磯根漁業が盛んで、現在も海女が海にもぐり、アワビやサザエを採取し、白間津の花畑では露地のキンセンカ、ストックなどの花づくりもしている。7月中旬の海女祭りは白浜最大の行事で、そのハイライトは、白装束の海女による夜の松明遊泳である。

交通：JR内房線館山駅、バス35分

②千倉（ちくら） 塩化物泉

県南東部、太平洋に面した南房総地域は、温暖な気候のもとに花の露地栽培が行われ、沿岸漁業も盛んで豊かな漁獲量を誇ってきた。その中心の千倉では、中世の戦乱期に源頼朝が房総に逃れてきた際に、愛馬の傷を温泉に浸けて治し、自らも入浴したという伝説が老舗温泉宿の千倉館に残されている。千倉温泉には7軒の温泉宿があり、主に塩化物泉の浴槽や露天風呂に浸かり、新鮮な魚介類を味わうことができる。千倉町には料理の神様を祀る高家（たかべ）神社があり、例年10月17日と11月23日に「包丁式」が挙行される。

交通：JR内房線千倉駅、バス5分

③鴨川（かもがわ） 塩化物泉

県南東部、鴨川市域の北部は太平洋に面した白砂青松の海岸が続いており、その一角は温泉開発が進んで高級温泉ホテルが並んでいる。有力ホテルの一つは、松と岩を配した庭園風露天風呂を造り、浴客に喜ばれている。これらの温泉ホテルに隣接して「鴨川シーワールド」がオープンし、この一帯が鴨川温泉の中核をなしている。一方、鴨川駅周辺は海水浴場と一体化した旅館街を形成し、さらに南の太海地区には1935（昭和10）年に千葉県名勝第１号に指定された仁右衛門島をはじめ、フラワーセンター、多くの旅館や民宿が分布している。太海の宿泊施設の一部は山間地で湧出する温泉を運び、温泉地として機能するようになった。仁右衛門島は周囲を奇岩で囲まれた景勝の小島であるが、源頼朝の隠れ穴があり、日蓮聖人や多くの俳人、歌人や画家の来訪も伝えられている。また、わずか５分ほどであるが全国唯一の手漕ぎ舟を体験できる。

交通：JR 外房線安房鴨川駅、または太海駅

④勝浦（かつうら）　塩化物泉、炭酸水素塩泉

県南東部、勝浦市の中心地区で1961（昭和36）年に温泉が開発された。純金風呂で知られる大規模な温泉ホテルをはじめ、十数軒の温泉宿泊施設が分布している。輪島、高山とともに「日本三大朝市」といわれる遠見岬神社前の朝市は、1591（天正19）年に始まったといわれる歴史を有する。現在は半月ごとに２カ所で行われていて、路上に70軒もの露店が並ぶ。この神社の階段は、ひな祭りの際は一面に雛人形で飾られ、壮観である。勝浦はマグロ、カツオをはじめ、近海、遠洋漁業の基地として知られるが、太平洋に突き出た海食崖が続き、南房総国定公園に指定されている。南房総の観光拠点としての地位は高く、海中展望塔や県立海の博物館があり、鵜原理想郷にはかつて多くの文人が集まった。大多喜藩に関わる八坂神社の大祭には、７月第４土曜日に勇壮な鵜原大名行列が行われる。

交通：JR 外房線勝浦駅

⑤白子（しらこ）　塩化物泉

県中東部、九十九里浜南部に位置する白子町では、海水浴客の増加に対応して1965（昭和40）年、古所地区に町営国民宿舎を開業し、観光開発の先鞭をつけた。その２年後に1,500 m の大深度掘削に成功して29℃の温泉を得ると温泉センターをつくり、1973（昭和48）年には天然ガスを利用した日本唯一の人工砂風呂を開設、らくだの国、体育館、テニスコートも整備した。これに影響されて中里地区の農漁民が民宿を開業し、軽井沢や山中湖でのテニス民宿の先進地に学んで農地の一部をテニスコートに変え、テニス民宿地域として急速に発展した。1988（昭和63）年にはテニ

ス民宿経営者18名が白子温泉組合を設立し、地下2,000mの温泉掘削によって塩化物泉を得て観光温泉地として知られるようになった。さらに1990（平成2）年、町当局は千葉県や自治省などから6億円の補助金を受け温泉センターを改築し、各種の入浴体験ができる白子町アクア健康センターをオープンした（2009年閉館）。現在、中里地区のテニス民宿地区は高層の旅館、ホテルが並ぶ観光温泉地の景観に変わり、地域変容の著しさを観察できる。

交通：JR外房線茂原駅、バス25分

⑥銚子犬吠埼（ちょうしいぬぼうざき） 塩化物泉

県北東端、房総半島東端の観光拠点として発展してきた犬吠崎では、1997（平成9）年に新温泉が開発され、また犬吠崎温泉黒潮の湯として分湯されるなどして、温泉ホテルが集積している。各ホテルでは展望施設としての露天風呂を設置し、宿泊、日帰りともに多くの客を集めている。日本で最も早く日の出を拝める銚子灯台をはじめ、近くには「地球が丸く見える丘展望館」が特産のキャベツ畑の中にある。高さ50mほどの長大な屏風ヶ浦は10kmに及び、イギリスのドーバー海峡の白い崖と比較されている。また、水揚げ量日本一を誇る銚子漁港を見学し、ポートタワーから利根川河口を眺め、「ウオッセ21」で魚介類の買物をするのも楽しい。

交通：JR総武本線銚子駅、銚子電鉄15分

⑦養老渓谷（ようろうけいこく） 炭酸水素塩泉

県中央部、大多喜町と市原市にまたがる養老川上流の蛇行する渓谷は、山峡の景観と一体となって観光資源性を高めている。この地域で、1914（大正3）年に井戸から鉱泉が湧き出たのを契機として、養老渓谷の温泉観光開発が進み、川沿いに温泉宿が点在するようになった。渓谷の中心には川幅が広く緩やかな傾斜で流れている粟又の滝をはじめ、赤い太鼓橋や落ち着いた雰囲気の露天風呂がある旅館、12月初旬まで続く紅葉など、四季折々の風景が客を引き付けている。渓谷に近い大多喜には、徳川四天王の本多忠勝の居城が復元されて県立総南博物館となっており、歴史的町並みも整備されていて地域ガイドが当時の装束で案内をしている。春のレンゲ畑は見事である。

交通：小湊鉄道養老渓谷駅、いすみ鉄道大多喜駅

⑧亀山（かめやま）　炭酸水素塩泉

県中南部、房総丘陵北部に位置し、小櫃（おびつ）川上流の多目的ダム湖である亀山湖岸に亀山温泉がある。源泉は地下2,000 mの大深度掘削で29℃の冷泉が毎分150 ℓほど湧出し、加熱循環方式で湖畔の温泉ホテルが利用している。８月には亀山湖上祭りで花火大会が行われ、秋には湖畔ハイキング大会、遊覧ボートからの紅葉めぐり、１日限定のダム放流見学会なども実施される。近くの三石山には、十一面観音像を祀る観音堂があり、眺望もよいので登山に適している。

交通：JR 久留里線上総亀山駅

執筆者 / 出典一覧

※参考参照文献は紙面の都合上割愛しましたので各出典をご覧ください

I　歴史の文化編

【遺　跡】　**石神裕之**　(京都芸術大学歴史遺産学科教授)『47都道府県・遺跡百科』(2018)

【国宝 / 重要文化財】　**森本和男**　(歴史家)『47都道府県・国宝 / 重要文化財百科』(2018)

【城　郭】　**西ヶ谷恭弘**　(日本城郭史学会代表)『47都道府県・城郭百科』(2022)

【戦国大名】　**森岡 浩**　(姓氏研究家)『47都道府県・戦国大名百科』(2023)

【名門 / 名家】　**森岡 浩**　(姓氏研究家)『47都道府県・名門 / 名家百科』(2020)

【博物館】　**草刈清人**　(ミュージアム・フリーター)・**可児光生**　(美濃加茂市民ミュージアム館長)・**坂本 昇**　(伊丹市昆虫館館長)・**髙田浩二**　(元海の中道海洋生態科学館館長)『47都道府県・博物館百科』(2022)

【名　字】　**森岡 浩**　(姓氏研究家)『47都道府県・名字百科』(2019)

II　食の文化編

【米 / 雑穀】　**井上 繁**　(日本経済新聞社社友)『47都道府県・米 / 雑穀百科』(2017)

【こなもの】　**成瀬宇平**　(鎌倉女子大学名誉教授)『47都道府県・こなもの食文化百科』(2012)

【くだもの】　**井上 繁**　(日本経済新聞社社友)『47都道府県・くだもの百科』(2017)

【魚　食】　**成瀬宇平**　(鎌倉女子大学名誉教授)『47都道府県・魚食文化百科』(2011)

【肉　食】　**成瀬宇平**　(鎌倉女子大学名誉教授)・**横山次郎**　(日本農産工業株式会社)『47都道府県・肉食文化百科』(2015)

【地　鶏】　**成瀬宇平**　(鎌倉女子大学名誉教授)・**横山次郎**　(日本農産工業株式会社)『47都道府県・地鶏百科』(2014)

【汁　物】　**野﨑洋光**　(元「分とく山」総料理長)・**成瀬宇平**　(鎌倉女子大学名誉教授)『47都道府県・汁物百科』(2015)

【伝統調味料】　**成瀬宇平**　(鎌倉女子大学名誉教授)『47都道府県・伝統調味料百科』(2013)

【発　酵】　**北本勝ひこ**　(日本薬科大学特任教授)『47都道府県・発酵文化百科』(2021)

【和菓子／郷土菓子】 **亀井千歩子**　(日本地域文化研究所代表)『47都道府県・和菓子／郷土菓子百科』(2016)

【乾物／干物】 **星名桂治**　(日本かんぶつ協会シニアアドバイザー)『47都道府県・乾物／干物百科』(2017)

Ⅲ　営みの文化編

【伝統行事】 **神崎宣武**　(民俗学者)『47都道府県・伝統行事百科』(2012)

【寺社信仰】 **中山和久**　(人間総合科学大学人間科学部教授)『47都道府県・寺社信仰百科』(2017)

【伝統工芸】 **関根由子・指田京子・佐々木千雅子**　(和くらし・くらぶ)『47都道府県・伝統工芸百科』(2021)

【民　話】 **高塚さより**　(江東区砂町文化センター職員)／花部英雄・小堀光夫編『47都道府県・民話百科』(2019)

【妖怪伝承】 **常光 徹**　(国立歴史民俗博物館名誉教授)／飯倉義之・香川雅信編、常光 徹・小松和彦監修『47都道府県・妖怪伝承百科』(2017)イラスト©東雲騎人

【高校野球】 **森岡 浩**　(姓氏研究家)『47都道府県・高校野球百科』(2021)

【やきもの】 **神崎宣武**　(民俗学者)『47都道府県・やきもの百科』(2021)

Ⅳ　風景の文化編

【地名由来】 **谷川彰英**　(筑波大学名誉教授)『47都道府県・地名由来百科』(2015)

【商店街】 **中山穂孝**　(就実大学人文科学部講師)／正木久仁・杉山伸一編著『47都道府県・商店街百科』(2019)

【花風景】 **西田正憲**　(奈良県立大学名誉教授)『47都道府県・花風景百科』(2019)

【公園／庭園】 **西田正憲**　(奈良県立大学名誉教授)・**飛田範夫**　(庭園史研究家)・**井原 縁**　(奈良県立大学地域創造学部教授)・**黒田乃生**　(筑波大学芸術系教授)『47都道府県・公園／庭園百科』(2017)

【温　泉】 **山村順次**　(元城西国際大学観光学部教授)『47都道府県・温泉百科』(2015)

索　引

さ 行

た 行

な 行

は 行

ま 行

や　行

ら　行

わ　行

47都道府県ご当地文化百科・千葉県

令和6年7月30日 発 行

編 者 丸 善 出 版

発行者 池 田 和 博

発行所 丸善出版株式会社
〒101-0051 東京都千代田区神田神保町二丁目17番
編集：電話(03)3512-3264／FAX(03)3512-3272
営業：電話(03)3512-3256／FAX(03)3512-3270
https://www.maruzen-publishing.co.jp

組版印刷・富士美術印刷株式会社／製本・株式会社 松岳社

ISBN 978-4-621-30935-3 C 0525 Printed in Japan